東京外国語大学アジア・アフリカ言語文化研究所
叢書 知られざるアジアの言語文化 II

ラフ族の昔話

― ビルマ山地少数民族の神話・伝説 ―

チャレ 著
片岡 樹 編訳

東京外国語大学
アジア・アフリカ言語文化研究所

「叢書　知られざるアジアの言語文化」刊行にあたって

　自己の国家をもたない民族が多数アジアで暮らしています。彼らは、近代領域国家の周縁に置かれており、少数民族と呼ばれています。これまでわれわれは、少数民族の言語・文化に接する機会が少なく、あったとしても、それは往々にして、他の民族のフィルターをとおしてでした。たとえば、和訳された民話や神話などの文献は、ほとんど原語からではなく、英文、仏文や近代国家の標準語からの重訳が多かったことを思い起こせば、この点は容易に理解できるでしょう。

　「叢書　知られざるアジアの言語文化」は、少数民族が自身の言語で叙述した歴史と文化に関する口頭伝承や文献を和訳することによって、彼らに対する理解を深め、その思考法に一歩でも近づくためのシリーズです。これによって、より多くの読者が少数民族固有の価値観を熟知するきっかけになればと願っています。

　原則として、少数民族の言語から直接和訳することが求められます。少数民族の文字による文献および聞き取りによって採集されたオーラル資料のテキストからの翻訳が主流となりますが、第三者、つまり多数民族の言語と文字を借りて自己表現する場合も無視できません。少数民族はしばしば政治権力を掌握する人々の言語と文字を用いて自己を表現する境遇にあるからです。その場合は、少数民族自身によって語られるか書かれている点、また内容は少数民族の価値観を表している点などが要求されます。

　誰しも、表現した内容を相手に理解してもらいたいと望んでいます。相手がそれを理解してくれないことほど悲しいことはありません。多数民族は自己が立てた標準に彼らが達しないことや彼らの思考法が自分たちと異なることを理由に、少数民族を解ろうと努力してこなかった向きがあります。人間の表現は、音で意思を伝達する言葉と符号で意味を伝達する文字に頼っています。言語が異なると意味が通じないのは自明のことわりですが、その言語を習得すれば、言葉の背後に潜む思考法も理解でき、他者の文化的価値観を知る能力が増大することは確かです。

　幸い、近年、アジアの少数民族のあいだで長期のフィールドワークをすすめ、多くの困難を克服して彼らの言語と文字を習得した若手研究者が増えています。東京外国語大学アジア・アフリカ言語文化研究所では、そうした若手研究者を共同研究プロジェクトに迎え入れて、所員とともにさまざまなオーラルと文献の資料を和訳し公刊することになりました。少数民族の言語と文化を少しでも多くの日本人に理解していただく一助となればと期待しています。

クリスチャン・ダニエルス（唐 立）
都下府中の研究室にて
2007年10月1日

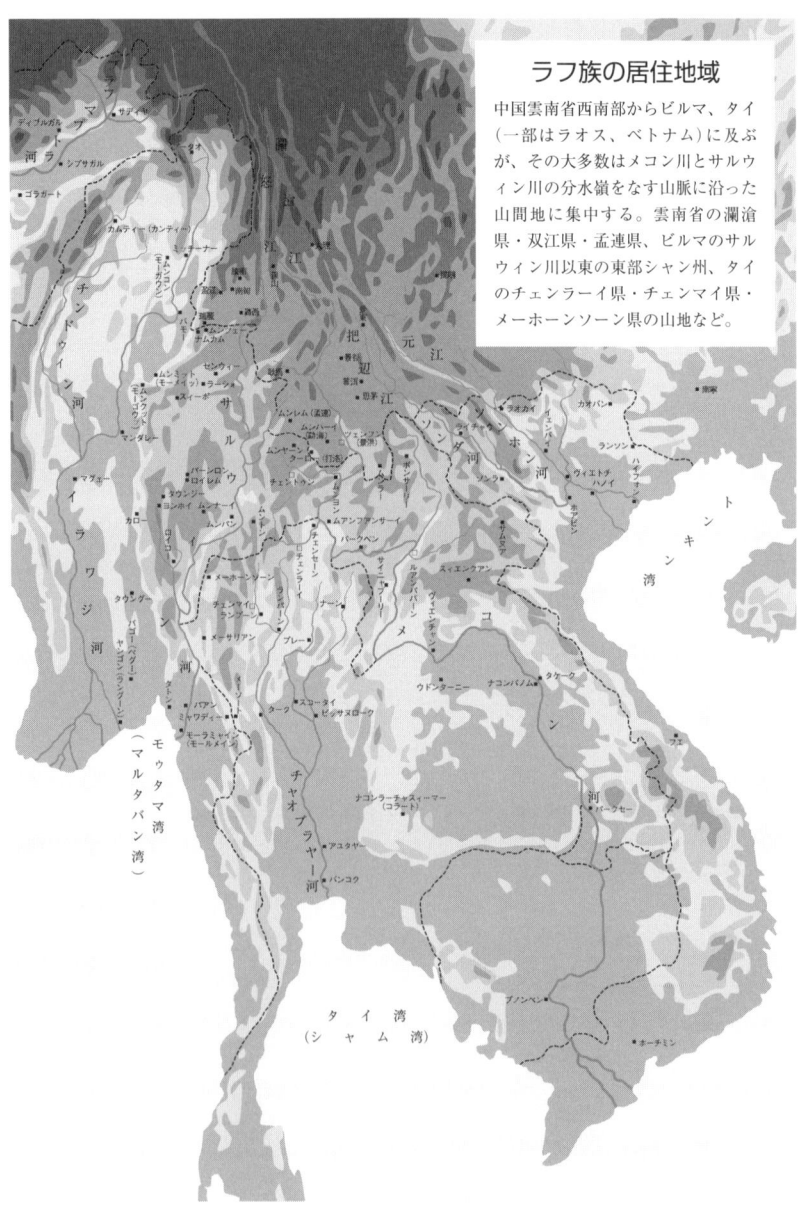

ラフ族の居住地域

中国雲南省西南部からビルマ、タイ（一部はラオス、ベトナム）に及ぶが、その大多数はメコン川とサルウィン川の分水嶺をなす山脈に沿った山間地に集中する。雲南省の瀾滄県・双江県・孟連県、ビルマのサルウィン川以東の東部シャン州、タイのチェンラーイ県・チェンマイ県・メーホーンソーン県の山地など。

まえがき

　本書は、Kya leh, *A pon Li k'o (Na ba 1)*. (Kengtung: L.N.T.C., 1994) の全訳に解説を付したものである。題名は直訳すると『昔話集第一巻』である。著者であるチャレ氏は、ビルマ在住のラフであり、ラフ・バプテスト教会の牧師をつとめている人物である。牧師である著者が、ラフのあいだで語り継がれている神話や民話を採集し、それを教会で用いるラフ語ローマ字で表記したものが原著である。ラフの神話についてのみならず、キリスト教徒ラフの世界観を知る上でもきわめて貴重な書物といえる。翻訳に際しては、文中で用いられている聖書の引用箇所は日本語の新共同訳聖書に従った。ラフ語語彙については初出箇所にローマ字表記（バプテスト方式）を付したが、煩を避けるため声調符号は省略した。

　本書を読めばわかるように、これはラフの牧師がラフの信者に向かいラフ語で語りかける、という体裁の書物である。そのためラフの人々にとって自明とされる常識については説明が省かれており、日本人の読者にとってはすぐに意味のわからない箇所も多い。そうした読みにくさを補うべく、本訳書ではラフの人々の生活や歴史あるいは世界観について述べた解説とコラムを用意した。

　本書の刊行にあたっては、東京外国語大学アジア・アフリカ言語文化研究所の助成を受けた。末尾ながら記して謝意を表したい。

訳者

目　次

「叢書　知られざるアジアの言語文化」刊行にあたって……………… i

まえがき………………………………………………………………………… iii

ラフ族の昔話（『昔話集』）……………………………………………… 1

コラム…………………………………………………………………………77

  ○　天地創造について
  ○　ラフとひょうたん
  ○　松とラフ文化
  ○　バナナ
  ○　竹とラフ文化
  ○　ラフの家屋
  ○　洪水神話と人類の起源
  ○　人間と犬
  ○　ラフの方言集団
  ○　失われた本と失われた国
  ○　餅
  ○　ラフとシャン
  ○　踊り
  ○　北京南京
  ○　ラフの弩
  ○　ラフと漢人
  ○　ラフの男女分業

- 兄の一族と妹の一族
- ラフの狩猟文化
- ムメミメ
- アテフチュ
- 白い人
- シャチャ伝説
- かばんを編む
- 結婚のしきたり
- 野鶏の狩り
- おいしい料理とは何か
- ラフの憑きもの
- ラフのことわざ

解説 ··· 143
1. ラフとはどんな人たちか
2. ラフの移住史
3. 「ラフの国」「ラフの王」の興亡
4. キリスト教への改宗運動
5. ラフ語ローマ字
6. 「昔話集」について

村の暮らし ··· 160
1. 言葉を学ぶ
2. 山地の生業
3. 村の社会関係
4. 山地の村の近況

引用文献 ··· 176

あとがき ··· 181

A֊ PON‿LI֊ K'O^֒ NA‿BA֊(1)
****

SHAW HEO^ LEH BVUH֒ TAW^ SHEH֊ HPA֒

REV. KYA֒LEH, L.B.C.H.B.HK. LEH֒ BON MA֊ PA֊ AW֊ MO֊ AW֊ VUI֒ YU֊ PA֒
NAW^HPAN‿VAN^ KENGTUNG VEN^
* * *
HTAW^ YAN‿SHEH‿HPA^ MR.JOSHOA LAPHA L.N.T.C.
****

原本『昔話集 第一巻』表紙写真

A‿ PON‿ LI‿ K'O^, NA‿BA‿(1)
****
SHAW HPO^ LEH BVUH‿ TAW^ SHEH‿ HPA˘.

REV: KYA LEH, L.B.C.H.B.HK. LEH, BON MA‿ PA‿ AW‿ HO‿ AW‿ VUI‿ YU‿ PA‿‿
NAW˘HPAN˘VAN˘ KENGTUNG VEN˘.
* * *
HTAW˘ YAN‿SHEH‿HPA˘, MR.JOSHOA LAPHA L.N.T.C.
****

Aw‿Hkui˘Pui‿Taw˘:-
————————— Jaw˘ maw˘ Ye‿su˘ Hkri‿ aw‿ hk'aw lo Ha‿ ve aw‿ vi˘ aw nyi te˘ hpa‿-o, Ye‿su˘ Hkri‿ mi‿ gui‿ hk'o^ cheh˘ leh bon hkaw˘ ma‿ hta‿, Shu na g'a sha tu‿ aw‿ pon Taw˘ pa ha˘ lai˘ ceu‿ teh˘ leh ma‿ pi˘ ve hta‿ g'a maw‿ ve yo‿. Chi hk'a shu‿shu‿, Nga‿ aw‿ to Rev: Kya‿Leh htaw˘, Bon ma‿ kui‿ aw‿ hk'aw lo, Taw˘ pa ha˘(A‿Po‿)lai˘ ceu‿ teh˘ leh ma‿ ve pa taw, Shu nga‿ hta‿ A‿po‿ hk'ai pa‿ teh‿ meh la˘ ve yo‿. Chi pa taw A‿po‿ li‿ k'o^ te taw˘ tu‿ chaw lai˘ g'a˘ daw˘ hk'a˘ pi˘ la˘ ve hk'a shu‿ shu‿., chi te˘ paw^ A‿po‿ li‿ k'o^ Na‿ba‿ te˘ hta‿ yan‿ taw˘ ta‿ ve yo‿.
A‿ po‿ te˘ hpa‿ hpa‿ aw‿ suh˘ ma˘ he˘ ve htaw˘, ma˘ g'a˘ leu˘ k'ai ma˘ g'a meh˘ k'ai tu‿ daw˘ law leh yan‿ taw˘ ta‿ ve yo‿. Li‿ k'o^ chi taw˘ la g'a tu‿, lai˘ ceu‿ g'a ga co˘ ca˘ leh te la˘ sheh‿ hpa˘ Sa‿la‿ U˘Yaw˘shu˘ leh, Rev: Ai‿sehn˘ (Meun˘-pen˘)hta‿ aw‿ bon ui‿ ja˘ ve yo‿. Aw‿ g'u˘ suh‿ hpaw˘ htaw˘ A‿pon‿ li‿ k'o^ aw‿ suh˘ aw‿ suh˘ k'aw‿ te taw˘ la g'a hpeh‿ tu‿ aw‿ chaw‿ aw‿ pa˘ lai˘ g'a˘ htaw˘ ka‿ daw˘ hk'a˘ g'a ga pi˘ da‿ leh, A‿pon‿ g'a ga bvuh‿ taw˘ leh nga‿ geh feu la˘ tu‿, leh, lo‿ ve hk'e g'a ga ca‿ la˘ tu‿ daw˘ law ta‿ ve yo‿. Ma˘ bi˘ ma˘ law‿ kui‿ te˘ hpa‿ hta‿ btaw˘, yeun˘ hkan‿ leh, ven˘ ta˘ hpeh˘ la˘ she‿ tch‿ law‿ hkaw˘ ve yo‿. Aw‿ hk'o^ ka‿ Ye‿su˘ Hkri‿ ve fcuh˘ kui‿ na˘ ve taw˘ hkaw˘ Ha leh‿ ve bon hkaw˘ hta‿ nga‿ k'o^ keun‿ ve hk'e, nga‿ hk'a taw‿ leh˘ k'o^ ma‿ pi˘ hpeh‿ tu‿ nga‿ aw‿ pon ka‿ bon law‿ la˘-o˘.
Aw‿ bon ui‿ ja˘ aw‿ bon ui‿ pi˘-o˘, A-men.

Hkri‿ ve kan‿ aw‿ hk'aw lo naw‿ hui hk'a peue‿ hta‿‿ha‿ ve Rev:-Kya-leh Ha leh‿ ve bon hkaw˘ ma‿ pa‿ La˘ hu‿ Hkri‿ ya˘ ya˘ aw‿ mo‿lon˘.
Naw˘hpan˘ven˘ Kengtung ven˘. Dec.15.1991

I A DAW˘ A GA˘ MVUH˘ HPAN‿MI‿ HPAN‿ VE AW‿ LAWN.
****

A‿ sho-e‿ hta˘, (A daw˘ a ga˘ teh‿ k'o^ ve G'ui‿sha leh, Mvuh˘ hpan‿ mi‿ hpan‿ tu‿ daw˘ nyi ve te˘ yan˘ hta˘, Hu˘ ta‿ leh hk'aw‿ ka˘ suh˘ ku tzuh‿-e ve ce˘. Mui‿ ta‿ leh k'aw‿ daw˘ nyi ve Pi˘ htaw˘ suh‿ ma‿ lu‿ k'ai leh, Zuh‿ ta‿ leh k'aw‿ daw˘ nyi ve Hpa‿teh zuh‿ hk'o^ tzuh‿-e ve yo‿ ce˘. O˘ hk'e hta˘-heh‿, mi‿ gui‿ hk'o^ hk'a caw‿ ta‿ ve aw‿ ceu‿ hk'a peue‿ caw‿ caw‿ ve yo‿ teh‿ shi‿ ve pa taw, hk'a peue‿ hta‿ hpan‿ ta‿ ve yo‿ ce˘. (Awhkui˘pui‿li‿ 1:cc)

LA˘ HU‿ CHAW MAW˘ VE KA˘ LA-O
****
Chaw‿ ya˘ leh‿, A˘hpo‿ k'o‿ shi‿ hk'aw taw˘ la ta‿ ve yo‿ teh‿ k'o^ ta‿ ve yo‿. G'ui‿sha yaw˘ i˘ ka˘ heh˘ kui‿ aw‿ pa˘ lo, A˘hpo‿ k'o‿ te˘ ye‿ ti ta‿ leh, A˘hpo‿ k'o‿ shi‿ te˘ shi‿ naw‿ la ve yo‿. A˘hpo‿ k'o‿ aw chaw ya˘ ve aw‿ co ma‿ hk'a o^ ka‿ keu ta‿ ve yo‿ ce˘, A˘hpo‿ k'o‿ shi‿ she˘ ve aw‿ yan˘ ma˘ ga‿ she‿ hta˘, te˘ nyi hk'e hta˘, suh^ ceh‿ aw‿ haw˘ lo Tsuh pi˘ k'aweh‿ te˘ hkeh cuh‿ hta‿ ma‿ ve aw‿ hk'e ve yo‿, suh˘ k'a˘ ku‿ hta‿ po˘ po˘ k'a‿ te˘ hkeh ca po‿ na˘ ve pa taw, Suh˘ k'a˘ teh ce leh, Tsuh pi˘ k'aweh‿ hta‿ te‿ heu^-e leh, Tsuh pi˘ k'aweh‿ paw^ hpaw-eh ha leh, A˘hpo‿ k'o‿ ce hta‿ hte^ che˘ she‿ ve yo‿. Hk'e te leh, A˘hpo‿ k'o‿ shi‿ pu k'ai leh, Naw‿shehn˘ Naw˘ la˘-o g'ui‿ po hk'aw lo‿-e ve yo‿ ce˘. Aw‿ hk'o‿ naw˘ te˘ nyi, G'ui‿sha a˘hpo‿ k'o‿ shi‿ hta‿ ca nyi la hta˘, ma˘ maw‿-o, Nga‿ A˘hpo‿ k'o‿ shi‿ ma˘ maw‿ ya˘-o, hk'a‿ hk'e k'ai-o la‿ teh‿ k'o^ Hk'a leh, Tsuh pi˘ k'aweh‿ hk'a˘ taw˘ la ve, Jaw˘ maw˘-o^, nga‿ hta‿ ven˘ ba˘ ta˘ la˘, A˘ nyi nga‿ zuh‿ cheh˘ hta˘ suh˘ k'a˘ nga‿ hta‿ tc te‿ la˘ leh nga‿ paw˘ hpaweh ve pa taw g'a hte^ che˘ she‿ ve yo‿ teh‿ k'o^ pi˘ ve yo‿ ce˘. G'ui‿sha suh^ k'a˘ hta‿ k'aw‿ na nyi ve, A‿ hto‿ ma te naw-

原本の本文(キリスト教徒の間で用いられるラフ語ローマ字によって記されている)

ラフ族の昔話
(『昔話集』)

チャレ 著

挿絵
はやし まきこ

早稲田大学教育学部国語国文学科卒業。在学中は早大児童文学研究会に所属。卒業後は出版社勤務を経て編集とイラストの仕事に就く。一九九一年九月、中国・北京の中央美術学院に留学、九二年九月から二年間は文部省派遣国費留学生として水墨画・民間美術などを学ぶ。雲南省やチベット自治区、陝西省他の農村にも足を運び、中国各地の民間美術に親しんだ。挿絵の仕事に、『とっておきの中国の民話』(みくに出版)、『クラウン中日辞典』(三省堂)、『NHKテレビ中国語会話』(巻末エッセイ「暮らしの暦 心の対話」)、『ツォゼルグの物語』(雄山閣)などがある。

序言

　主イエス・キリストにおける愛する兄弟たちよ、イエス・キリストは地上にあって福音を説かれたとき、わかりやすくするために多くのたとえ話を用いて教えて下さいました。同じように、私こと牧師チャレもまた、説教の場ではたとえ話（昔話）を多く用いて教えたために、人から昔話の語り部と呼ばれるようになりました。そのため、昔話集をつくってはどうかという多くの人の助言に従い、ここに昔話集第一巻を刊行いたします。この昔話は新鮮なものではありませんが、忘れてしまわないよう、なくなってしまわないようにとの願いから刊行する次第です。本書の刊行のために多くの支援を与えて下さったサラ・ウヨシュおよびアイセン牧師にお礼申し上げます。これからもまた、新しい昔話集をさらにつくっていくことができるように多くの友人たちが助言を与えてくださること、昔話を書いて私に送り、また必要な支援を与えて下さることを願っております。

　不十分な点については、忍耐とお許しを乞うべくお詫び申し上げます。ほかにも、イエス・キリストの意義深い教えや福音を宣べ伝えるにふさわしい人物に私がなれるように、それをきちんと宣べ伝えていくことができるように、私のためにもお祈り下さい。

　ありがとうございます。神の祝福がありますように。アーメン。

　キリストのつとめの中であなたたちすべてを愛する牧師チャレ、福音を伝える者。キリスト教徒

ラフ集会。ノンパム町、ケントゥン市。1991年12月15日。

1. アドアガと天地創造の話＊

むかしむかし、アドアガという神[1]が、天地を創造しようと考えていたとき、立って考えていたら靴を七足はきつぶしたそうです。座って考えたら椅子が七つこわれたそうです。寝ながら考えたら敷物が七枚破れたそうです。そうしたあとで、地上のものが存在すべきだと知り、すべてのものを創造したそうです。（創世記１）

ラフの老人による物語

人間は、ひょうたんの中から出てきたのだといいます＊。神は自分の水浴び場のそばにひょうたんを一本植え、ひょうたんの実がひとつ実りました。ひょうたんの実の中に人間の魂を入れたのだそうです。ひょうたんの収穫前のある日、キョン[2]が木の下で寝ていたのですが、木の枝に夜鷹(よたか)がとまり、そのため枝が落ちてキョンにあたり、キョンは飛び上がって逃げ、ひょうたんの木にぶつかってしまいました。そしてひょうたんの実がもげて、ノシェノロ[3]という湖のなかに落ちたのだそうです。

次の日に、神がひょうたんの実をさがして「見つからないよ、私のひょうたんがみつからないよ、どこに行ったのだろうなあ」と言っていると、キョンが出てきて「主よ、私の罪を許して下さい、

＊コラム「天地創造について」を参照。

[1] ラフ語ではグシャ G'ui sha であるが便宜上神と訳した。

＊コラム「ラフとひょうたん」を参照。

[2] ラフ語ではツピコエ tsuh pi k'aweh と呼ばれる。主に中国南部の山地に住む小型の鹿。

[3] 原著ではノシェノラオ Naw shehn naw la-o と書かれているが、一般にはノシェノロ Naw shehn naw law と呼ばれるためここではノシェノロと表記する。

昨日私が寝ていると木の枝が落ちてきたので、飛び上がって逃げたらぶつかってしまったのです」と言ったのだそうです。次に神は木の枝に「どうしてお前はキョンを驚かしたりしたのだ」と聞きました。木の枝は「私のせいではありません、座らないでくれと言ったのに夜鷹がそれを聞かずに座ったせいで折れてしまったのです」と答えました。次に神は夜鷹に「木の枝からだめだと言われたのになぜ座ったりしたのか」とたずねました。そのときに夜鷹は一言も答えられませんでした。そして神は夜鷹の頭を地面に押しつけたので、夜鷹の頭は平らになってしまったのだそうです。だから今でも夜鷹の頭は平らなのです。

そして神は、ひょうたんが落ちていった先を追いかけていき、松の木に出会ったのでたずねました。

「ひょうたんが落ちていったのを見なかったか。」

見なかったと松の木は答えました。

「お前は正直ではないので、ひょうたんの中の人間が出てきたらお前を切って家をつくらせてやる」と言ったそうです。だから今でも人は松の木を切って家をつくっているのです4*。

神はさらに進み、バナナの木に会ってたずねました*。

「ひょうたんが落ちていったのを見なかったか。」

バナナの木は「落ちていくのを見た」と答えたので神は、「お前は正直だから、いつか人間がお前を切ってもすぐに芽が出てくるように、雨のと

4 松の木は主に点火剤として使われ、建材としては用いられない。コラム「松とラフ文化」を参照。

*コラム「バナナ」を参照。

ラフ族の昔話　　　　　　　■6

きも日照りのときも水が得られるように」と祝福してあげました。だからバナナというのは切ってもすぐに芽が出てくるのです。晴れの日も雨の日も水分があるのです。

　神はさらに先まで見に行き、椎(しい)の木に会って「ひょうたんが落ちていくのを見なかったか」と聞くと、見なかったと答えました。神は「お前は正直ではないので、ひょうたんから人が出てきたら、お前を切って柱にしてやる」と言ったそうです。だから今の人は椎の木を切って柱にするのです。

　神はさらに先まで見に行き、竹に会いました*。「ひょうたんを見なかったか」と聞くと、見なかったと答えました。神は「お前も正直ではないから、ひょうたんから人が出てきたら切って割って家に敷かせてやる」と言ったそうです*。

　神はさらに先に見に行って蜜蜂に会い、「ひょうたんを見なかったか」と聞くと、「見ました、落ちていくのを見ました、ノシェノロの湖に落ちました」と答えたそうです。そして神は蜜蜂に、「お前は正直だから、晴れの日も雨の日もいつも蜜があるように」と言ったそうです。だから今でも、蜜蜂というのはいつでも蜜があるのです。ひょうたんがノシェノロの湖に落ちたのを見た神は、すべての動物を呼んで集め、ひょうたんを取りに行かせたそうです。

　まず先に鹿[5]が行きました。鹿というのは角が二つあり、とてもきれいだったそうです。ひょうたんがとても重く、一所懸命突いてもだめだったので、角が欠けてしまったそうです。だから今で

*コラム「竹とラフ文化」を参照。

*コラム「ラフの家屋」を参照。

[5] ラフ語ではクズ hkui zuh 。より正確には水鹿である。中国南部から東南アジアにかけて分布する大型の鹿。

も鹿は角が割れているのです。

次に水に棲む動物のえびが行きました。ひょうたんを一所懸命押しましたがひょうたんはとても重いため押せず、腰が折れてしまったそうです。だから今でもえびは腰が折れているのです。

次に神は、山に住む動物の竹ねずみ[6]に行かせたそうです。竹ねずみは立派な歯をもっていましたが、ひょうたんがとても固かったので噛めず、歯が全部折れて戻ってきました。そのため神は歯を二本だけ生やしてあげたそうです。

次に水に棲むかにが行ったそうです。かにもまた立派な歯をもっていたそうです。しかしひょうたんがとても重かったのに力いっぱい噛んで押して、ひょうたんを取り出すことができたんだそうです。しかしひょうたんがとても重かったので、取り出したときにはかにの丸く太った殻が平らになってしまったそうです。神は祝福して言いました。

「ほかの者が取れなかったひょうたんを取り出せたので、お前たちは右にも左にも歩けるようにしてやろう。」

そのため今でもかにというのは、右にも左にも歩けるようになったのだそうです。

神はひょうたんを、動物たちに協力させて神の住む場所まで運ばせたそうです。ひょうたんを神が住む場所までもってきたので喜びました。そこですべての動物に、それぞれの王を選ばせたのだそうです。動物全体の王にはライオンを神が選びました。

小動物[7]の種類のなかではとがりねずみを王に

[6] ラフ語ではファピ fahpi。主に中国南部に住む大型のねずみである。竹藪に住み、竹の根もとに穴を掘って巣を作る。

[7] ラフ語ではファと総称される。主にねずみ等の齧歯類を中心とする範疇である。

選び、鳥の種類の中ではツチャクイ（おうちゅう）を王に選んだそうです。そのためツチャクイが鳥の王になりました。夕方には誰よりも遅く眠り、朝は誰よりも早く起きるそうです。ツチャクイは鳥の王なので、すべての鳥の就寝と起床を見守っているのです。

　今やすべての動物の王を選び終わったので、誰もしゃべってはいけないと命じ、静かになりました。しかしとがりねずみが一言しゃべり、小動物たちは喜んでみんなでその鼻をなでたため、とがりねずみの鼻はとがってしまったのだそうです。神が動物に、「ひょうたんの中の人が出てきたら誰が養うのか」と聞くと、ナチェクイという小さな鳥が「私が養います」と答えたそうです。「お前は一回に卵をいくつ産むか」と聞かれると、「三つ産みます」と答えたのだそうです。そして神はそれじゃあだめだと言いました。次に魚が、自分が養うと言いました。「お前は一回で卵をいくつ産むか」と聞くと、「海の砂ぐらいたくさん産みます」と答えました。そのため人間を魚が養ったので、今でも人はお腹（なか）がすくと魚を捕って食べるのだそうです。

　しばらくすると、ひょうたんの中から人の声が聞こえてきました。神は再び動物たちを呼んでひょうたんをかじらせました。最初にすずめがつつき、くちばしがなくなってしまってもまだ穴があきませんでした。そのため神はくちばしをもう一度つけてあげました。次にねずみがかじり、とうとう穴があいたのだそうです。そこで神は祝福してあげました。

「ひょうたんの中の人が出てこられるように、お前たちがつついたりかじったりして穴をあけてくれたので、これからは人間が耕す土地で最初の実りを食べてよいぞ」と言ってあげました。そのため、今も人間の畑で最初の実りはすずめとねずみがまず食べるのだそうです。すずめはひょうたんをつついてもあけられなかったのでこっそり食べ、ねずみはひょうたんをかじって穴をあけることができたので、米倉に座って食べるのだそうです。

（覚え書き）
　この話は、ラフの老人によるお話です。聖書（創世記2：7）には、「主なる神は土で人を形づくり、その鼻に命の息を吹き入れられました。人はこうして生きる者となった」とあります。そのため人は体が死んでもたましいが残るのです。ほかの動物はすべて、神が自らの手で作ったのではなく、口の力にだけ頼って作ったものなので、体が死ぬと消えてしまいます。しかし人間は、神がきちんと手で作った上に、命のたましいを吹き込んでくれたので、体が死んでもたましいが残るのです。たましいの救いのためにイエスを信じるのです。イエスは言われました。「わたしは復活であり、命である。わたしを信じる者は、死んでも生きる。生きていてわたしを信じる者はだれも、決して死ぬことはない（ヨハネ11：25-26[8]）。」
　イエスは言われました。「わたしは道であり、真理であり、命である。わたしを通らなければ、だれも父のもとに行くことができない（ヨハネ

---

[8] 原著では11：25になっているが改めた。

14：6）。」だからたましいが生きていけるように、イエス・キリストをよく頼り、よく信じなければならないのです。

2. 最初に生まれた人間の話

ひょうたんから出てきた二人の人間[9]に、一人の子供が生まれました[10]。この子供は奇形児だったそうです。頭も足もありませんでした。だから捨ててしまいました*。

神は人間の子供が生まれたと聞いて見に来ました。しかし見つかりませんでした。なぜなら両親が捨ててしまっていたからです。「お前たちに子供が生まれたというがどこにいるか」と神が聞くと、「奇形児だったので捨てました」と答えました。神は「持って帰ってきなさい」と言い、取りに戻らせました。両親が見に行くと、奇形児がいませんでした。落ちていった先をあわてて見に行くと、すずめ蜂に会ったので、「私の子供が逃げていったのを見なかったか」と聞きました。見なかったと答えたので、人間は木の棒ですずめ蜂を打ちつけ、すずめ蜂の腰が折れてしまったのだそうです。二人はさらに先まで見に行き、ノシェノロの湖のほとりにいるのを見つけ、担いで戻ってきたそうです。

神は刀で奇形児をひとつひとつに切り分け、それぞれをひとつの民族にしたそうです。そのため人間の数が多くなって母の乳では足りなくなったので、犬の乳を飲ませました。そして白い犬*の

[9] ここではこの人類始祖の名前が示されていないが、通常これはチャティ（男）とナティ（女）であるとされる。

[10] 最初の人間チャティ、ナティが出現してから結婚するまでの経緯がここでは省略されているため、話がややとんでいる。この経緯については第17話におさめられている。

*コラム「洪水神話と人類の起源」を参照。

*コラム「人間と犬」を参照。

乳を飲むと白人に、黒い犬の乳を飲むと黒ラフに、黄色い犬の乳を飲むと黄ラフになり、民族がたくさん出現したのだそうです*。そのためラフは犬の肉を食べると、母の肉を食べたのと同じになって目がつぶれてしまうと、昔の人は言っていたものです。

*コラム「ラフの方言集団」を参照。

（覚え書き）
　これはラフの老人による単なるお話です。聖書には、作り話ばかりを聞いて神の教えがわからなくならぬよう気をつけよと書いてあります（Ⅰテモテ4：7、Ⅱテモテ4：4、テトス1：13）。

3. 神が諸民族に文字を与えた話*

*コラム「失われた本と失われた国」を参照。

　むかし神が、「すべての民族は私に会いに来るように。おまえたちすべてに文字を与えよう」と言ったので、すべての民族は神に会いに集まったのだそうです。しかし漢人は行きませんでした。人々に文字を与えるとき、ラフには餅の上に字を書いてあげました*。アカには動物の皮に書き、シャンには椰子の葉に書いてあげたそうです。ラフは、「餅に書いてあるので置いておくとなくなってしまう、食べてお腹にしまっておけばなくならない、心で思い出そう」と言って、焼いて食べてしまったので、ラフの文字はなくなってしまいました。しかし祭司が心で思い出してしゃべる話のなかにも、聖書と同じものがあるのをみることができます。

*コラム「餅」を参照。

アカの人々も、動物の皮に文字を書いたので文字をもっていません。なぜなら動物の皮を焼いて食べてしまったからです。漢人も、他の人たちに文字をあげるときに来なかったので、後になって神に文字をもらいに行ったそうです。神は「明日の朝、お前たちのところにカラスを行かせる」と言いました。翌朝、漢人たちの住むところに白いカラスが一羽やって来ました。精米、脱穀の場所やたき火の場所におりてきて、カラスがひっかくのを見て字を書かせました。そのため今でも漢字はカラスがひっかいたようなかたちになっているのだそうです。ラフとアカは文字がないので、西洋人の文字を用いています。

（覚え書き）
　ラフとアカは、食べてしまったために文字がないのです。「なぜ『手をつけるな。味わうな。触れるな』などという戒律に縛られているのですか。これらはみな、使えば無くなってしまうもの、人の規則や教えによるものです。これらは、独り善がりの礼拝、偽りの謙遜、体の苦行を伴っていて、知恵のあることのように見えますが、実は何の価値もなく、肉の欲望を満足させるだけなのです（コロサイ2：21-23）。」「神の恵みから除かれることのないように、また、苦い根が現れてあなたがたを悩まし、それによって多くの人が汚れることのないように、気をつけなさい。また、だれであれ、ただ一杯の食物のために長子の権利を譲り渡したエサウのように、みだらな者や俗悪な者とならないよう気をつけるべきです。あなたがたも

知っているとおり、エサウは後になって祝福を受け継ぎたいと願ったが、拒絶されたからです。涙を流して求めたけれども、事態を変えてもらうことができなかったのです(ヘブライ12：15-17)。」

4. 諸民族に印信を与えた話

　むかし神が各民族を呼び集めました。「来なさい。王になれる印信(いんしん)を与えよう」と言ったそうです。すべての民族が集まりましたが、ラフは後から遅れてきたので門に座らねばならなかったのだそうです(今でもラフというのは行くのが遅く帰るのが早いのです)。

　神は、「明日の朝、自分たちの椅子の下を見てみよ、王となる民族には、その椅子の下に印信を置いておく」と言いました。翌朝に皆が自分の椅子の下を見てみると、ラフの椅子の下に印信が置いてあるのが見つかりました。そのため、ラフはすべての民族の上に立つ王となったそうです。そしてすべての民族はラフの使用人となったそうです。

　シャンは悪知恵を働かせて、男は使用人にならず、若い娘に竹の葉を緩(ゆる)く編んだ服を着せて奉公させたのだそうです。ラフの王の飲食の場で仕えているとき、シャンの娘の乳首に肘がふれたので、娘は泣き出してしまいました。そして、ラフの王が何を与えても、シャンの娘は受け取らず機嫌を直しませんでした。そのため、ラフの王は「お前は何が欲しいのか」と聞きました。シャンの娘は

「印信をください」と言い、ラフの王が印信を与えてしまったので、ラフは王になれなくなりました。「ラフの王は神にもらった印信をシャン娘の胸と換えてしまった」と今でも言っています。その日からシャンが王になったのだそうです*。それをラフの老人は「水牛の皮を肩に担いで他人の使用人になれ」と言っていたそうです。だから今のラフは異民族の使用人になっているのです。

＊コラム「ラフとシャン」を参照。

（覚え書き）
　得ることよりも守ることができるようになりなさい。何を守るよりも、自分の心を守りなさい（箴言4：23、ヘブライ12：14-17）。

5. ラフとシャンに国を選ばせた話

　むかし神がラフとシャンに国を選ばせるとき、水一杯と薪一本を置いて、ラフに先に選べと言いました。水を選べば平地を得て、火を選べば山地を得ると言ったそうです。ラフは各地を見回して、平地は小さく狭く少ししかないことを知りました。山の上がとても広いことを知ったので、火を選んだのだそうです。そしてシャンは水を選びました。水を注ぐと下の方に流れていったので、シャンは平地をすべて手に入れてしまったのだそうです。ラフが火をつけると高い山深くにのぼっていったので、火の届いた山奥がすべてラフの国になりました（今でもラフには炭の脇にばかりいて暖をとる人がたくさんいます）。

次に神は、馬と鹿を一頭ずつつないで、もう一度ラフに先に選ばせたそうです。ラフはよく見て、馬はいつも見なれているからと言って、鹿を選んでしまったのだそうです。シャンは馬を選び、放してやると平地に向かいました。ラフが鹿を放すと山奥へと逃げていってしまったので、それを追いかけて捕まえ、今に至るのです。

（覚え書き）
　（Ⅰコリント14：20より）「兄弟たち、物の判断については子供となってはいけません。悪事については幼子となり、物の判断については大人になってください。」（ことわざでは）「食べる前に匂いをかいでみよ、行動する前に考えてみよ」とも言います。思慮深い人間になってください。（ローマ11：33、コロサイ2：3より）「ああ、神の富と知恵と知識のなんと深いことか。」「知恵と知識の宝はすべて、キリストの内に隠れています。」ことわざでは、他人にきちんと仕えることができる者はおこぼれにありつけると言います。このように、神の近くにいる人や、神のしもべとなる人には特に、神の祝福がたくさん与えられるのです。「だから、憐れみを受け、恵みにあずかって、時宜にかなった助けをいただくために、大胆に恵みの座に近づこうではありませんか（ヘブライ4：16）。」

6. 人々に豊かさの種を与える

　神がすべての民族に対し、「豊かさの種を与えるから、それぞれ容器をもって受け取りに来なさい」と言ったとき、各民族は自分の袋とかごをもって受け取りに行ったそうです。しかしラフはミジョグピ[11]だけをもって行ったのだそうです。そのときに神は「ミジョグピにだけ入れたのでじゅうぶんなのか」と聞き、「じゅうぶんです、たくさんです」と答えたので、ミジョグピにだけ入れてあげたのだそうです。だから今でも、ラフの豊かさはミジョグピに入れた分だけしかないのだそうです（悪くするとミジョグピほどもありません）。

（覚え書き）
　我々ラフは、浅はかさのゆえに神の恵みを受け取れず、そのため今でも貧乏なのです。これからは、他人が食べる程度には食べられるよう、他人が豊かなのと同じだけ豊かになれるよう、よく考えて行動できるようになることを望みます。値打ちのある、正しい神の恵みをなくしたりしないように。「物の判断については大人になってください（Ⅰコリント14：20より）。」昔の浅はかさゆえに今に至るまで貧乏だとしても、今日よく考えて行動できれば、他人と同じように発展できることでしょう。昨日の時ではありません。今日、今の時がやってきたのです。時に見合った人間になってください。昨日の場所ではありません。今日の場所がやってきたのです。はじめの時を振り返ってばかりいないで、大きく満ちていくためにも前

11　点火剤用の小さな袋。

に進みましょう(ヘブライ6：1-3[12])。

7. 神が種を与えた話

むかし神が人々に、「植えて食べるための種をあげるからとりにきなさい、植えて食べられるようになったら私にも捧げておくれ」と言ったそうです。人々はそれぞれ入れ物をもって受け取りに行きました。ラフは入れ物をもたずに行きました。手のひらで受け取ってそれを引っ込めようとしたときに種がこぼれたので、少ししか残らなかったそうです。だからラフはほかの民族ほどには食べられないのです。しかし神の恵みによって収穫を迎えると、最初の実りを神に捧げています。それだけではなく、父や母、牧師、指導者、鍛冶屋にまで食べさせてあげているのです。

(覚え書き)
ラフというのは神がとても愛した民族だということがわかります。王になれる印信もラフに与えてくれたのです。しかしシャンの娘のせいでなくしてしまったのです。次に文字を与えてくれたときも、餅を焼いて食べてしまったのです。よい住みかを選ばせてくれたときも、よくない住みかを選びました。豊かさの種や畑の種をたくさんくれようとしたときも、少ししかもらわなかったので、今でも貧乏なのです。しかし最後に神は、そのひとり子であるイエス・キリストによって、救いの恵みを我々ラフの家々にまで与えてくれたので

---

[12] この部分は聖書に逐語的には対応しない。該当引用箇所には「だからわたしたちは、死んだ行いの悔い改め、神への信仰、種々の洗礼についての教え、手を置く儀式、死者の復活、永遠の審判などの基本的な教えを学び直すようなことはせず、キリストの教えの初歩を離れて、成熟をめざして進みましょう。神がお許しになるなら、そうすることにしましょう」とある。

す。身も心もイエス・キリストを受け入れれば、血や肉も、知識も、たましいも、すべてが成長するのです。イエス・キリストを受け入れなければ、血や肉や知識は成長しても、たましいは貧しくなるのです。イエスは言われました。「自分のために富を積んでも、神の前に豊かにならない者はこのとおりだ(ルカ12：21)。」イエスは言われました。「あなたは求めるものがひとつあるようです。今日私たちは何を求めるでしょうか。自分自身のことをもう一度考えてみてください(マルコ10：20[13])。」すべてが成長するように、イエスの教えをよく聞かねばなりません。イエスの教えを聞く人は、岩の上に自分の家を建てた賢い人に似ているのです(マタイ7：24-27)。

8. 怪力男チャヌチャペの話

むかし、チャヌチャペという大男が一人いたそうです。彼は人間の子供として生まれたのではありません。神の垢をかき集め、大きな卵を作ってそれをあたためて出てきたものです。だから彼は体が大きく力も強かったそうです。神をおそれず、神を神とも思わず尊敬せず、神の教えにも耳を貸さず、そのうえ神と張り合うことばかり考えていたそうです。

そしてある日チャヌチャペは、神をつかまえようと思い大きな罠をしかけました。しかし神は罠にかからず、しかも神が罠をしかけなおしておいたので、チャヌチャペは自分の罠にかかって出ら

---

[13] ここでの引用文は出典とかなりかけ離れている。聖書の該当個所は、「すると彼(金持ちの男)は、『先生、そういうことはみな、子供の時から守ってきました』と言った」となっている。もっともマルコ伝におけるこの前後の文脈は、イエスが金持ちの男に財産の処分を勧めたくだりであるので、大意としては通じる。

れなくなってしまいました。神はかわいそうに思って放してやったのだそうです。

別の日にチャヌチャペは、神とかくれんぼをしたそうです。神はチャヌチャペの目と鼻の間に乗って隠れたので、チャヌチャペがさがしても見つかりませんでした。さいごにチャヌチャペは、神をさがしても見つからないので、「神よ、あなたをさがしましたが見つかりません、出てきてください」と言いました。すると神は、チャヌチャペの目と鼻の間から飛び出してきました。そこでチャヌチャペは「あなたがそこにいると知っていたならば、ぺしゃんこにおしつぶしてやったのに」と言いました。

チャヌチャペはどうやっても神に勝つことができませんでした。しかし彼は神を敬いませんでした。神の下で暮らすのがいやだったのです。

次に神は、チャヌチャペを日光で焼き殺してしまおうと思い、太陽を七つ作りました。チャヌチャペもまた、暑くて我慢できず、そのため七つの帽子を作ってかぶったそうです。

次に神は、目が見えなくなるようにと太陽を隠したので、光がなくなってしまいました。チャヌチャペは目が見えず、真っ暗の夜になってしまいました。チャヌチャペは神に降参せず、神もまたチャヌチャペの農作業をだめにしてやろうとしたのです。チャヌチャペは、水牛の角にたいまつやろうそくをつけて田を耕したそうです。そのため水牛の角は火で焼けて真っ黒く、みすぼらしくなってしまったのだそうです。今に至るまでそうです。はじめは水牛の角は白くとても美しかったの

だそうです。

　次に神は、チャヌチャペを洪水で溺れ死なせてしまおうとして、地上を水であふれさせました。しかしチャヌチャペは鍬をかついで溝を掘り、海につながるまで掘り進んだので、地上を洪水にすることはできなかったそうです。いまのサルウィン川やメコン川もチャヌチャペが掘ったものだと言います。

　チャヌチャペは神とかくれんぼをして、どちらか勝った方が神になると言いました[14]。さがして見つからなかった方を神とみなそうと言ったのです。チャヌチャペは隠れたのですが、体が大きかったので隠れても下の方が見えてしまったそうです。かくれんぼで神に勝てませんでした。しかし神は力が大きいので、さっき上で述べたように、体を蝿に変えてチャヌチャペの両目のあいだにとまり、チャヌチャペが世界中をさがしまわっても見つからなかったそうです。そこでチャヌチャペは「あなたをさがしても見つかりません。出てきてください。あなたを神とします」と言いました。すると「ヘイ、私はお前の目の上にいるのだよ」と言って出てきたのだそうです。チャヌチャペは「おお、あなたがそこにいるのを知っていたのなら手で押しつぶしてやったのに」と言いました。そのため神とチャヌチャペは仲たがいしてしまったのです。

　そして神は天に住み、チャヌチャペは地上から戦争をしかけました。地上にある木をすべて弩(いしゆみ)にして撃ちましたが、神のいるところに届きませんでした。しかし火薬の木[15]を弩にして撃ったら神

14　以下のくだりは先ほどの話題と重複している。

15　原語ではショマス shaw ma suh。マティソフの辞書によればその英訳はガンパウダー・トリー gunpowder tree であり、この木の幹を焼いて炭にしたものから火薬を作ると説明されている [Matisoff 1988: 1227]。

の尻に当たったそうです。
　そこで神が呪い、火薬の木は曲がってしまったのだそうです。今でも火薬の木にはまっすぐなものがないのです。

——チャヌチャペが死んだ話
　ある晩神は、糞ころがしの角(つの)に毒をよく塗ってチャヌチャペの住んでいるところに行かせ、チャヌチャペの目の前を飛び回らせたそうです。そこでチャヌチャペは言いました。
　「何だこれは。私は神も人もおそれない。この私をこんなに邪魔するやつは誰だ。」
　そして糞ころがしをつぶしたそうです。糞ころがしが地面で「宝石の国、宝石の国(ムン・シェン、ムン・シェン)」と鳴いたので、「お前ごときが宝石の国とはな、私ですら宝石の国など見たことないというのに」と言って踏みつけると、糞ころがしの角がかかとに刺さったのだそうです。毒が塗ってあったので、ひどく痛みました。そこでチャヌチャペは「神は何でもできるから、私の足も治してくれるだろう」と言って、神のところに行ったそうです。そしてチャヌチャペは言いました。
　「神よ、あなたは何でもできます。私の足は糞ころがしの角が刺さってとても痛みます。薬をちょっと塗ってください。」
　神は彼を嫌い、死んでほしいと思っていたので、足の傷口に蠅の卵を入れてやったそうです。「七日たつまではほどいてはいけません」と言ってやりました。よくしばっておきなさいと言っておい

たので、チャヌチャペもほどいてみませんでした。七日たっても痛いのでほどいてみると、うじ虫が食べてしまっていたそうです。チャヌチャペは悲鳴をあげ、もがきながら死んでしまいました。神に殺されたと思ってうらみながら死んでいったので、目はとじていませんでした。目をかっと見開いたまま死んだのだそうです。そしてチャヌチャペが死んだので、神は小動物や鳥などの動物をたくさん呼び集めて泣かせたそうです。踊り*を踊らせたそうです[16]。そのときにオオゴシキドリはチャヌチャペの足にしがみついて泣き、足もとの血が尻尾の下についてしまったので、今でも尻尾が赤いのだそうです。ムネアカゴシキドリはチャヌチャペの頭にしがみついて泣いたのでチャヌチャペの帽子が取れ、今でも頭が押しつぶしたようなかっこうになっているのです。蝉はチャヌチャペの顔にしがみついて泣いたので、目をとじられなくなり目がまん丸くなってしまいました。今でも蝉は目をとじません。

　チャヌチャペが死んだのは稲の種蒔きの頃だったそうです。チャヌチャペは巨人だったので一か所だけに埋めることはできず、肉は一切れずつ一か所、手足の指は一本ずつひとつの山に埋めたので、地上はすべてチャヌチャペの墓だらけになってしまいました。今でも地上の山の上で突起がありまわりが平らなところは、チャヌチャペの墓なのだそうです。そのまわりでは動物たちが踊りを踊ったんだそうです。

（１）犬の角をキョンが盗んだ、うずらの尻尾を

*コラム「踊り」を参照。

16　原語はカケウェ k'a hk'e ve。正月に輪になって踊るものを特に指す。

孔雀が盗んだ、水牛の歯を馬が盗んだ、竹ねずみの笛を鳩が盗んだというのはこのときのことです。犬は鍋の中をなめるときに角がぶつかるのではずしておいたところ、キョンが盗んでしまいました。山を三つ、谷を三つ追いかけても追いつきませんでした。未亡人がネギをたたいて食べるすり鉢をキョンの足が踏んでしまったので、ひづめが緑色になってしまいました。だから今でも、キョンのひづめはネギをつぶしたような緑色なのだそうです。

（2）うずらの尻尾を孔雀が盗んだ話
　昔は、うずらの尻尾は長く、孔雀には尻尾がなかったそうです。うずらはとても踊りがうまく、見ていても楽しいものでした。うずらは背が低く、よく尻尾を踏んでしまうので、はずして置いておこうと言い、はずして踊っていたら孔雀が盗んで逃げたのだそうです。だから今でも、うずらは取り返せなかったので尻尾がないのです。孔雀のきれいな尻尾はうずらの尻尾なのだそうです。

（3）水牛の歯を馬が盗んだ話
　昔は水牛には上のあごにも下のあごにも歯があり、馬は片方にしか歯がなかったそうです。水牛が踊り、笑うと白い歯が見えてとても美しく、みんなでほめたそうです。そこで馬は「あなたの歯をちょっと私に貸して下さい、私がつけて踊ってみます」と言い、水牛は貸してあげました。馬が踊りヒヒと笑うと白い歯が見えてとても美しかったので、みんなでほめてあげました。馬は走って

逃げてしまいました。ヒヒと言いながら逃げたので、今でも馬の鳴き声はヒヒというのだそうです。水牛は「オア、オア」と言い、「私のものだ、私のものだ(ガウェオ、ガウェオ)」と言ったそうです。だから昔の人は、水牛をつなぐ場所に馬をつないではいけない、馬を水牛が突き殺してしまうと言ったものです。

(4) 竹ねずみの笛を鳩が盗んだ話

　昔チャヌチャペが死んだ場所ですべての動物が集まって踊ったときに、竹ねずみの笛の音色がきれいなので鳩が盗み、木の上に飛んでいってとまったので取り返すことができず、竹ねずみはひどく泣きました。竹ねずみは泣きすぎてまぶたが腫れてしまったそうです。そこで赤アリが言いました。

　「泣いてはいけません。あなたは下で待っていなさい。私があがっていって鳩の足を噛んであげます。鳩が落ちてきたら急いでつかまえなさい。」

　そう言って赤アリは木に登り、鳩の足に噛みついたのです。しかし竹ねずみはつかまえることができず、鳩は飛んで逃げてしまいました。今でも鳩の足には赤い部分があり、赤アリが噛んで残ったものだと言います。竹ねずみは今でもまぶたが腫れてしまっているのです。泣きすぎたからだそうです。

　チャヌチャペの肉をすべて埋めたあとで、骨を大砲につめて天に打ち上げたそうです。粉が落ちてきてアリ、羽アリ、蝿、蚊、プスエ[17]などがた

---

[17] 人間を刺す小さな昆虫。

くさん現れたそうです。そのため今でも、白アリが蟻塚を作るのは神を攻撃するための基地を作っているのだと言うそうです。木のわきに土を積み上げるのは神と戦う準備なのだそうです。羽アリの大軍が現れるのは、茶碗一杯分の土を雄豚の肉３ロ[18]分に換えて食べ、神と戦うために一団ごとに出ていくのだと言います。粉の一部はイラクサ（ひっかかれると痛い木の葉）になったので、今でもよく人間をひっかくのです。

　蚊は人間を憎み、人間を刺したかったのですが、刺すには口が短かったので神にお願いして口をのばしてもらったそうです。だから今でも、蚊の口はほかの誰よりも長いのです。蚊が刺すと病気になりやすいのです。蚊に刺されぬよう、きちんと毛布をかぶって蚊帳を吊って寝なければなりませんよ。蚊は人間を殴るためにハンマーをもらえるよう、神にもう一度お願いしたそうです。神は蚊がしょっちゅう頼みごとをしに来るのに腹を立て、ハンマーは人間に与えてやると言いました。だから今、蚊に刺された人間が手で叩くのは、神が蚊を叩くハンマーなのだそうです。プスエも人間に腹を立て憎んでいるので、どこでも追い回して一所懸命噛みつくのです。私たちからは見えなくても、とても痛くてかゆいですよね。人間は耳が生えていなかったら食い尽くされてしまうと言うのです。プスエというのはとても小さな虫です。それでも大きな鳴き声を出せるんですよ。それと同じで人間のなかにも、うずらが虎の鳴き声を出すように、風のなかで家を建てるように、できもしない大きなことを言う人がいるものです。チャ

18　ロ law とは重さの単位。約10グラム程度。

ヌチャペは神だけを憎んだのではないのです。人間のことも憎み嫌っていたから、彼についていた虫は今でも人間に病気をもたらすのです。チャヌチャペのようなことをしてはいけません。

(覚え書き)

　今でも一部の人は、蝉の鳴き声やゴシキドリの鳴き声を聞くと寂しくなり、チャヌチャペのことを懐かしく思い出すという人がいるそうです。ラフは昔はゴシキドリを飼いませんでした。なぜなら声を聞くたびに寂しくなって畑仕事が手につかず、貧乏で食べていけなくなるからだと言ったものです。チャヌチャペのように、心を尊大にして神と張り合いたがるような気持ちを、我々のうちでだれ一人としてもたないようにしましょう。心が尊大で高慢な人というのは、最後には滅び去っていくものです。弩をあまり強くひきしぼると壊れてしまいます。人間も心を尊大にすれば壊れていくのです(箴言16：16-19[19])。神が腹を立てることは6つあり、神が憎み嫌悪することは7つあります。それは、
　①うぬぼれる顔
　②嘘をつく舌
　③罪のない人を殺す手
　④悪い考えをもつ心
　⑤悪い場所に行く足
　⑥嘘をつき不正に告白を行う人間
　⑦友との喧嘩の種をさがしまわる人間
です。
　私たちは、神が腹を立てる人間、神が憎み嫌悪

[19] これはおそらくラフのことわざからとったものであり、箴言の該当個所からの直接の引用ではない。該当個所には次のようにある。「知恵を得ることは金にまさり／分別を得ることは銀よりも望ましい。／正しい人の道は悪を避けて通っている。／魂を守る者はその道を守る。／痛手に先立つのは驕り。／つまづきに先立つのは高慢な霊。／貧しい人と共に心を低くしている方が／傲慢な者と分捕り物を分け合うよりよい。」

する人間にならないように気をつけましょう。心を尊大に、高慢にしないようにしてください。神はへりくだる人と共にあり、力を与えてくれるのです。へりくだる人を神は讃えてくれるのです（イザヤ57：15）。「なぜなら、『神は、高慢な者を敵とし、謙遜な者には恵みをお与えになる』からです。だから、神の力強い御手の下で自分を低くしなさい。そうすれば、かの時には高めていただけます（Ⅰペトロ5：5-6)。」「誇る者は主を誇れ」と書いてあります（Ⅰコリント1：31）。心を尊大にしないように。

9. ラフが代々南に下ってきた話

　昔は、この地上で私たちラフが最初に住んでいた国というのは、中国の北京南京なのだそうです*。この町をラフが建てたときに、城壁は10メートルあって城門からしか中に入れなかったそうです。昔は北の国[20]の祭司が唱える文句では、「北京は天の中心、南京は地の中心、北京は天の頂、天のへその緒」と言ったものです。今この国[21]の祭司たちは北京南京を知らないんですよ。「オロは天の中心、オロは地の中心、天のへその緒」としか言えないのです。オロは遠くではありません。ムン・カ、ムン・ヤン[22]のほう、中国との国境のこちら側、ビルマのなかにあるのです。昔ラフが住んでいた国ではありません。

　北京南京にラフが住んでいたときは大きな民族で、ラフはピティ[23]という種類しかなかったそう

*コラム「北京南京」を参照。
20　中国のこと。
21　ビルマのこと。
22　ビルマの地名。
23　マティソフの辞書によれば、ピティ Pi ti（わずかながら声調が異なる）とはピヤ Pi ya の別名であり、ピヤとは善悪を司る超自然的存在、あるいは至高神グシャの子供であるとされている。ピティは1960-70年代にビルマで活躍した予言者モナポクの別名としても用いられる［Matisoff 1988: 816-817］。

です。それぞれの民族のなかから指導者となる王を選び、それぞれの民族を支配し、保護していました。ラフの大王は、ポウル、アカロ、アカタ、シイェタイェ、フイエシイェなど何人もいたそうです。

　北京南京でははじめから弩を使って戦争をし、国を守っていました*。漢人たちはどのように戦をしかけてもラフに勝てなかったそうです*。しかしラフというのは国があって王があっても知恵がなく、夏になると狩りや魚捕りにばかり行っていました。畑仕事ばかりしていると町の番ができず、町には女ばかりがいたそうです。

　ラフの男がいないときに、漢人たちが行商に来ました。口琴を売りに来ました。口琴を鳴らしながら来て、ラフの女と目が合いました。漢人は言いました。

「欲しいかい。欲しいなら買っておくれ。」

　ラフの女はお金をもってきましたが、漢人が売ってあげなかったので買えませんでした。漢人は言いました。

「欲しいなら、あなたたちの亭主がもっている弩の矢筒とひきがねをもってきたら換えてあげよう。」

　漢人はラフの弩の矢筒とひきがねが欲しかったのです。そこでラフの王の妻が言いました。

「欲しいならば、自分の亭主の弩の矢筒とひきがねをもっておいで。」

　そうしてラフの女たちは弩の矢筒とひきがねをもってきて、口琴を手に入れたのだそうです。右手で弩の矢筒とひきがねをあげて、左手で口琴を

*コラム「ラフの弩」を参照。

*コラム「ラフと漢人」を参照。

ラフ族の昔話

もらったのです。この日に北京南京で、漢人はラフから矢筒を9かご、ひきがねを900個手に入れたそうです。ラフの弩の矢筒とひきがねは漢人が全部もっていってしまいました。

　狩りや畑に行っていた男たちが帰ってきたときに、漢人たちが攻め込んできました。そこでラフの王は言いました。

　「ものども弩をつがえて撃て。」

　しかし弩をつがえても留め具がなかったんだそうです。弩をつがえてもひきしぼることができませんでした。なぜなら妻たちがはずして口琴に換えてしまっていたからです。だから捨てて逃げるしかありませんでした。この一件で、ラフのみやこ北京南京は漢人に奪われてしまったのです。

　ラフの女たちは漢人の妻や女中になり、そのほかにもいろいろな仕事をさせられたそうです。男たちはみんな逃げてしまいました。男たちは逃げて、ノシェノロという湖にたどり着いたそうです。人は誰も住んでいない大きな森でした。鹿や野牛の足跡を追って水場をさがしました。村を建て、畑を耕し、稲を植えて稲刈りをして脱穀をして、それが終わるとラフの女をもう一度連れ戻しに行きました。

　北京南京に着くと、城壁の門には見張りがいて中に入れません。城壁の外で口笛を吹いてラフの女を呼ぶこと七日目にして、ひとりのラフの女と会うことができたそうです。

　「私たちは新しい国を見つけたのであなたたちを迎えに来たのです。私たちが見つけた国は、ここよりもいい国です。あなたたちラフの女がむこ

うに着いたら、あなたたちには仕事をさせません。水くみをさせません。料理もさせません。」

　そう言って誘ったのだそうです*。決めた場所にラフの女を来させ、男たちは城壁の上からターバンの布を投げ、それにつかまって登らせたそうです。城壁の高さは10メートルありましたが、そのときのラフのターバンは12メートルあったそうです。そうしてラフの女たちを引っぱり上げることができたんだそうです。家族となる人がやってきて、ノシェノロの国に住んだのだそうです。美しく豊かな国だったので、ラフは再び豊かになり、再び大きな民族になったのだそうです。

*コラム「ラフの男女分業」を参照。

兄と妹が別れた話

　ノシェノロの国は、メコン川とサルウィン川のあいだにあったそうです。高い山の上に大きな湖があり、左におりるとサルウィン川、右におりるとメコン川があったそうです。

　その頃は兄と妹の一族*は、妹の一族が99家族、兄の一族が66家族あったそうです。ある日妹の子が狩りをして、鹿を一頭つかまえたので兄の子に分けて食べさせてあげたそうです*。別の日に兄の子が狩りに行ったのですが、針ねずみ一匹しか捕れませんでした。それを犬が食べてしまい、妹の子に分けてあげることができませんでした。妹が兄のところに遊びに来て針ねずみの針を見つけ、これは何の毛かと聞いたそうです。「これは針ねずみの針だよ。昨日我々が狩りに行って針ねずみを一匹捕まえたのだよ」と答えたそうです。妹は兄に言いました。

*コラム「兄の一族と妹の一族」を参照。

*コラム「ラフの狩猟文化」を参照。

「まあ、この前私たちが狩りで鹿をつかまえたときには、あんなに短い毛でも肉をたくさん分けてあげたのに。あなたたちが捕まえた針ねずみは、毛がこんなに長いのなら体はどんなに大きいことでしょう。なのに私たちに分けてくれなかった。食べ物飲み物を独り占めするようでは一緒に暮らせない。別れるしかないね。」

そこで兄は言いました。

「まだ別れないでくれ。私たちが誓いをたてて竹を植えてみよう。」

村のはずれに竹を植えてみると、たけのこが二本出てきて、一本は東を向き、一本は西を向いたそうです。そこで妹は言いました。

「私たちが別れるしるしが現れた。」

そうして妹の一族99家族は南の国に去っていったのだそうです。三日が過ぎ、残された兄の一族は「ああ、妹の一族を去らせなければよかった」と言って追いかけていきました。足跡を追いかけていきました。谷間のバナナの森ではバナナの跡を追いかけました。（妹の一族が）かにをつかまえて食べ、食べ終わって立ち去った後で、兄の一族たちがそこにたどり着いたそうです。「バナナも芽がだいぶのびているよ、かにも殻が赤くなっているよ、もう追いつかないなあ」と言い、兄の一族たちは後ろを振り向いて帰っていったそうです。

妹の一族は南に去り、イショの一族に合流したそうです。私たちラフは、ピティの一族だそうです。昔の祭司が唱える文句では、「ピティは母なし子[24]、イショは父なし子[25]」と言ったものです

24 原語はヤチュシ ya co shi。
25 原語はヤチュコエ ya co k'o-e。

(ラフはピティの子、イショの子と昔の人たちは言っていました)。

10. ラフが国を失って逃げる

　その頃、ラフが住んでいたノシェノロに漢人が再びやってきて、逃げねばならなくなりました。一部はメコン川に沿って下り、今のラオスやタイにまでラフが住むようになりました。一部はサルウィン川に沿って下りビルマにたどり着いたそうです。一部はゆっくりと下り、中国の海の南に着いたそうです。海を区切って、南にはラフが、北には漢人が住んだそうです。海の国境を守っていたラフは、南に住んでいる仲間たちに呼びかけました。
　「漢人がたくさんやってきた。早く来て助けてくれ。」
　そう言って呼んだのです。しかし南に住んでいたラフは言いました。
　「私たちは唐辛子を植えて食べます。あなたたちの住んでいる海には行けません。負けたら捨てて逃げていらっしゃい。軒先に出てきて、下りていらっしゃい。私たちはもう3年前から矢を作ってあり、かびが生えています。」
　そして海を守っていたラフは漢人を捨て置き、漢人が羽アリや白アリのようにたくさん来たので、ラフは懸命に戦いました。3年前から作ってあった矢は全部撃ってしまい、最後にはシダの芽を折り曲げて撃ったので、今でもシダを赤い矢と

呼ぶのだそうです。ラフの武器である弩は、一度に矢を三本撃てたそうです。戦いに敗れシャパカの国に着いたときに矢の重さを量ってみると、3パ[26]あったそうです。だからこの国をシャパカの国というのだそうです。この国は今のムンサート[27]の国です。

26 ビルマの重さの単位。1パ pan は約0.8キロ。
27 ビルマの地名。シャン州東部、ケントゥン南方のタイ国境近くの町。

（覚え書き）

　ラフは互いに仲良くできず、助け合うことができなかったせいで、国を失う羽目になったわけです。「さて、兄弟たち、わたしたちの主イエス・キリストの名によってあなたがたに勧告します。皆、勝手なことを言わず、仲たがいせず、心を一つにし思いを一つにして、固く結び合いなさい（Ⅰコリント1：10）。」ことわざでは「山に登れば葉を摘んであげる、川に下りれば水を汲んであげる」と言います。仲良くして声を一つに、息を一つにしましょうという意味です。一度苦しむのは、知らないから苦しむのです。しかし二度目に苦しむのは、愚かで知恵がないから苦しむのだそうです。二度と破滅しないためにも、私たちラフのひとりひとりが、ひとつひとつに気をつけるべきです。

11. ムメミメの話

　ラフは少しずつ南に下ってきて、ムメミメ*に着きました。ムメミメは国土が平らで美しく、国の縁は中華鍋の縁のよう、国の底は中華鍋の底の

＊コラム「ムメミメ」を参照。

ようだったそうです。ここに着いたときには畑を耕す水牛や牛がおらず、馬を使って畑を耕したので、馬(ム)で土地を耕す(ミメ)といい、ムメミメという名前になったのだそうです。

　この時代になると、ラフの大祭司アテフチュ*が、「妹の一族が白い本をもってやってくる時になったのにまだ来ない、だからちょっとワ族の国に行ってみる」と言って、ワ族の国ムンカー[28]に行き、そこで消えたのだそうです。アテフチュの魂が南の国に行って、白い人である妹イショの一族に会い、白い本をもって兄ピティの一族のところに来るよう告げたために、妹の一族が兄の一族のところにやってきたのです。これはアテフチュの魂が妹の一族を起こしてあげたのだと言います。

　妹の一族は兄の一族に言いました。

　「兄の一族よ、私たちはむかし一緒に住んでいたラフの仲間です。針ねずみの肉のせいで別れたのですよね。」

　兄の一族は言いました。

　「そうです。今や妹の一族が帰ってきてくれたのですね、嬉しいです。」

　そうして手を握りあったのだそうです。そのときに妹の一族が言いました。

　「兄の一族よ、むかしアテフチュが言っていたことがいま実現しました。『いつの日にか、白い人*が白い馬にのって白い本をもってくる、その日が来れば、ろうそくを燃やし線香を燃やしているラフも真の神を見ることになるでしょう』と言っていたことが、今日ほんとうに実現したのです。むかしからラフが希望を寄せて信じていたシャチ

*コラム「アテフチュ」を参照。

28　中国雲南省西南部ビルマ国境の地名。別名西盟。

*コラム「白い人」を参照。

ャパ＊が天に昇り、いつの日にかもう一度やってくると言っていたように、シャチャパが辰の日に昇天したので辰の日に戻ってくると言って、辰の日に休んで祭りを行ってきたのです。白い本には、真実を知るだろうとアテフチュが言ったように、真の神とは神イエス・キリストを言うのです。イエス・キリストが天に昇り、いつの日か再び戻ってくると約束したと白い本[29]には書いてあります。」

妹の一族は兄の一族にそう言ったのです。そこで兄の一族もまた、アテフチュが言った教えを思い出しました。妹の一族は続けて言いました。

「話のわかる兄の一族よ、アドアガの人たちよ、考えてみる時が来ましたぞ。ろうそくを燃やし線香を燃やしていると、忌みごともたくさんあり、お供え物の相手もたくさんいます。山あれば山の霊あり、川あれば川の霊あり、村あれば村の霊あり、家あれば家の霊ありです。家の霊のお供えが足りなければ家の霊が噛みついて、モーパやシェパ[30]をさがして追い出します。出てけ、出てけ、出てけ、杵に葉が出て猫に角が生えてくるまで戻ってくるな、出ていって戻ってくるな、と言っても、村の上で追い出せば村の下にいる、こっちで追い出せばあっちにいる。精霊は出ていきません。イエスを信じて白い本[31]を使えば、忌みごともなく、お供えもいらないのですよ。右手に金をもって求め、左手に金をもって求めるというように、献金を集めて牧師[32]を養い、神を求める時がやってきました。アテフチュが、『白い本が来るまではろうそくと線香に頼って神を求めなさい、しか

＊コラム「シャチャ伝説」を参照。

29　この場合の白い本とは聖書を指す。

30　いずれも呪術師、占い師のこと。

31　聖書のこと。

32　原文ではサラ sa la とサマ sha ma になっている。サラは牧師でサマは女牧師をさす。

し白い本が来たならばろうそくと線香を白い本にとりかえなさい』と言ったように、今や白い本がやってきたのです。竹の節が変わっていくのと同じ、時間が変わっていくのとも同じで、礼拝のしきたりもまたろうそくや線香を燃やしている時ではなくなったのです。白い本に書いてあるように、神の教えを聞き入れて祝福の子、キリストの子[33]になるべき時が来たのです。」

そのように兄の一族に言ったのです。兄の一族もまた妹の一族の言うことを聞いて、ろうそくと線香を白い本にとりかえて、祝福の子、キリストの子になったのです。私たちラフがキリストの子になってから[34]、ああ、もう百年ほどになり、聖書を手に入れてからは60年ほどになります[35]。

(覚え書き)

神の祝福のおかげで、またアテフチュの教えを聞き入れたおかげで、今や我々ラフにはキリストの子になり、真の神を知る人が増えました。しかし真の神をまだ知らない人がまだまだたくさんいます。「木を担ぐ人は木をえぐり、竹を担ぐ人は竹をえぐる」と言うように、いまキリストの子になっている人が、まだキリストの子にならず、まだろうそくを燃やし線香を燃やしているラフの兄弟たちに、福音をよく教えてあげることを望みます。太陽が一つしかないように、神もひとりしかいないのです。人はすべて一つの太陽の下に住んでいるように、私たち人間はすべて、ただひとりの神を拝むべきなのです。神はひとりだけです。エフェソ4：1-7、Ⅰテモテ2：5を読んで、力

[33] 祝福の子(ブヤシヤ bon ya shin ya)とは予言者運動に従う者一般をさすが、キリスト教徒はこの語をキリスト教徒のみをさす語として用いる。キリストの子(クリヤ Hkri ya)とはキリスト教徒の意味であるため、本書では文脈に応じてキリスト教徒とも訳している。

[34] この言い方ではまるでラフがみなキリスト教徒になったかのようである。これはキリスト教徒ラフの常套句であるが、事実とは違うので注意が必要である。

[35] ラフのキリスト教への集団改宗運動が発生したのは1904年である。ラフ語ローマ字による新約聖書の翻訳は1932年に完成している。片岡 1998を参照。

をつけてください。

12. ラフの国の話

　昔は私たちラフの国は中国の北京南京だったそうです。城壁もラフが造り、高さは10メートルあったそうです。知恵がなく、考えがなく、注意が足りず、狩りに行ったり漁に行ったりばかりして家にいなかったせいで、女たちが漢人にだまされ、国を失ったのです。ノシェノロに再び住んだときにも、助け合うことができず仲良くすることができずに国を追われ、ムメミメから各地に移って行き、今ではたくさんの国に私たちラフは住んでいます。

　中国にはラフは全部で40万人強ほど住んでいるそうです。ほかの民族と一緒に統治している小さな国[36]が中国内には二つあり[37]、ラフだけが統治している瀾滄(勐朗)という国[38]がひとつあります[39]。これをラフの国と呼んでいます。この国[40]の全人口45万人強のなかで、ラフだけで約19万人強を占めるそうです。私自身勐朗の町には何度も行ったことがあります。いまラフのキリスト教徒の村は24か村あります。次々に教会[41]になりつつあります。何にも増してありがたいのは、中国のアショヤ[42](政府／共産党)が、仕事をする人(教会関係者)の代表者にきちんと賃金や交通費を援助してくれていることです。

　ビルマにはラフは30万人ぐらい住んでおり、ラフの発展のために、文化保存の団体、教会団体、

[36] この場合は県を指す。
[37] 他民族との合同による民族自治県としては、双江ラフ族ワ族ブーラン族タイ族自治県および孟連タイ族ラフ族ワ族自治県がある。
[38] 原語はムン meun。タイ語(シャン語)からの借用語で国または都市を意味する。
[39] 瀾滄ラフ族自治県のこと。
[40] 瀾滄県のこと。
[41] 原語はクリヤ・オモ hkri ya aw mo。直訳すればキリスト教徒の団体である。教会 church という語には、宗教施設ないし建造物としての意味と、宗教団体としての意味の双方が含まれる。ラフ語では前者をボイェ bon yeh、後者をクリヤ・オモと呼んで区別する。
[42] アショヤ a sho ya とは政府を意味するビルマ語。

政党[43]がきちんとつくられています。

　タイにもラフが何万人も住んでおり、ラオスにも何千人も住んでいます。今や地上の多くの国に、私たちラフはばらばらに暮らしています。むかしラフの国であるムメミメは漢人に奪われてしまいましたが、いつの日にかラフにも知恵がつけば、もう一度ラフの国が得られるだろうという希望をもっています。今の子供たちにしっかりと知恵を学ばせてください。水牛や牛を愛するならば、きちんと放牧してきちんと小屋に追い込めと言います。子供たちを愛するならば、教師[44]を信頼してきちんと知恵を学ばせようということです。

　むかしアテフチュが言っていたように、ラフの家一つ一つが神の教えを聞き入れて仲良くできれば、ラフの国はナツメの葉ほどにもなくても、いつの日にかウプパ[45]のように支配するときがやってくるのだそうです。いまは国家の指導者たち、アショヤ、ラッタバーン、コンチャンたち[46]が、国は違ってもラフが知恵を得られるように、発展できるようにと、山の上に学校を建ててくれたり、いろいろな開発の方法を教えてくれているので、彼らにも心から感謝します。これは神の祝福、神の恵みです。知恵のない私たちラフが知恵を得られるように、その方法を教えてくれる人たちの言うことを、私たちラフはよく聞いて行うべき時が来ているのです。

　知恵がついて白い本[47]をわかるようになれば、9つの民族[48]も一つだけになり、9人が言葉を一つに、息を一つにするようになるというアテフチュの教えが実現することでしょう。1989年に、私

---

[43] 原語はパーティー pa ti。英語からの借用語であり政党を意味する。

[44] 原語はサラなので、牧師とも教師とも訳しうる。ここでは特に神学教育に限らず学校教育一般を指していると思われるので教師と訳した。

[45] 植物の葉。植物の学名は Callicarpa arbonea。

[46] アショヤとは政府を指すビルマ語、ラッタバーンとは政府を指すタイ語。コンチャンとは共産党ないし共産主義者のことで、この場合は中華人民共和国の政府を意味する。

[47] 聖書のこと。

[48] この場合の9つとは、「多くの」ないし「すべての」を意味する表現である。

たちはビルマのメミョの町で牧師・伝道師の第5回研修会を行ったときに、17種類の民族が集まりました。しかし全員が一つの言葉だけで神を讃えることができたのです。ラフ民族もまた、むかし消えてしまった国、ムメミメよりもすばらしい快楽と幸福の国、願えば願うだけ与えられる国、永遠の食料、永遠の衣服、永遠の霊魂、白い頭と黒い頭[49]、生えて衰えぬ歯の国、考えるだけで満腹になり考えるだけで得られる国、いちじくを植えずに食べ、澄んだ水を汲まずに飲める天の国にたどり着けることでしょう。希望をもって一所懸命努力しましょう。今生きている時が、なすべきことをなす時です。命が終わってしまえば、すべきことは二度とできなくなってしまいます。「頭で考えても追いつかない」ということわざがあります[50]。そうならないためにも気をつけましょう。ラフのすべての家が、血と肉の方面でも、知恵の方面でも、霊の方面[51]でも力をつけて成長していけるよう信じていこうではありませんか。

（覚え書き）
　よい行いをするというのは、人から見ても正しく、神から見ても正しいのです。人前で名誉を得る人は神の前で祝福を得ると言います。「見栄っ張りはお腹をすかせて人のものをとりたがる、怒りんぼはお腹をすかせて人のものを欲しがる」ということわざがあります。見栄を張りすぎると貧乏になり、喧嘩っ早いと目が見えても食べられないようになるそうです。いつの日か神の国で、古びない祝福、色あせない祝福、汚れない祝福を得

49　老いも若きもという意味。

50　「後悔先に立たず」の意か？

51　この三つは大まかに経済、教育、宗教の別に対応する。

られるよう、ひとりひとりがみな信じ、へりくだった心で、国の主人[52]の法律の下でよく暮らし、神の仕事をきちんとこなし成長していくべき時がきています。体は死んでも名前は死なないと言います。名前は金(きん)よりも値打ちのあるものです。働くことは、しゃべるよりも声が大きい[53]のです。しゃべる言葉を小さくし、おこないを多くしましょう。成長しましょう。聖書の箴言(22：1)、Ⅰペトロ(1：1-3, 2：1-2)、Ⅱペトロ(3：18)、Ⅰコリント(14：26)[54]を読んで力をつけてください。

13. 知恵がなければ愚か者です

　むかし7人のひとが亀を捕まえに行って、8匹捕まえました。分けようとすると1匹余ってしまいました。ひとりが分けてうまくいかないと、「お前は分け方がへただ、俺がやってみる」と言って、ひとりずつ分けたのですが、どうやって分けてもうまくいきません。いつも1匹余ってしまうのです。そうして喧嘩になって大騒ぎをしているところに、利口な猟師がひとりやって来ました。
　「あなたたちは何を喧嘩しているのか？」
　「今日は私たち7人が亀をとりに来て8匹捕まえたのですがうまくいかずに喧嘩になっているのです。あなたが分けてくれたらあなたの言うことを聞いて、あなたの家来になりましょう。」
　そこで猟師は言いました。
　「なら私が分けてあげよう。あなたたちはみん

---

[52] 原語はムミジョモ mvuh mi jaw maw。ムミとは国の意で、ジョモは他の箇所では主人ないし王とも訳してある言葉である。ムミジョモという場合には君主政体に限らず国家元首一般を指す。

[53] 原語はオコブジャ awhkaw bvuh ja。ここでは声が大きいという意味と名声が高いという意味の双方を兼ねている。

[54] この引用箇所は文脈に照らしてやや違和感がある。該当個所は次のようなくだりである。「兄弟たち、それではどうすればよいであろうか。あなたがたは集まったとき、それぞれ詩編の歌をうたい、教え、啓示を語り、異言を語り、それを解釈するのですが、すべてはあなたがたを造り上げるためにすべきです。」ここでは異言と預言が対比されたうえで、預言は教会を造り上げるのに有益であるのに対し異言は自身の個人的満足にしかならないこと、および、秩序ある教会のためには異言(霊による祈り)は理性(による祈り)によって管理・統制されねばならないことが強調されている。

な私の家来になりなさい。」

そこで、「あなたが分けてくれてうまくいくなら、あなたの家来になりましょう」と返事をしました。利口者は座り、他の者もみな座らせて、亀を1匹彼が持って座り、ひとりひとりに亀を1匹ずつとらせたそうです。そこで彼らは、うまく分けたものだと言ったそうです。そして彼らは全員、利口者の家来になったのです。

ある日、利口な猟師は狩りに行き、7人の家来には籾[55]を担いで運ばせました。「お前たちは籾を担いで帰ってきたら、それをどこに入れるか女主人に聞きなさい」と言っておきました。その日は女主人はかばんを編んでいましたが[56]、糸が切れてばかりいるのでとても機嫌が悪かったのです。腹を立てているところに家来が籾を担いで帰ってきました。帰ってきて「ご主人様、籾はどこに入れましょう」と聞いたときに、まぶたをかっと開いて「ここに入れなさい」と言ったそうです。家来たちは籾を全部、目のなかに入れました。

主人が帰ってきて、「お前たちの女主人はどこに行った」と[57]聞きました。家来たちは答えました。

「私たちが籾を担いで帰ったときに、女主人はそれを目のなかに入れるように言ったのでそうしたのです。私たちの女主人はそこの稲むらの下にいます。」

すぐに主人は、稲むらのなかで妻をさがし始めました。そして一番下から見つかりました。彼は家来に対し、殺すほどの剣幕で腹を立てました。彼は家来をひどく叱り、川の向かい岸に妻を葬ら

55 原語はチャシ ca shi。精米前の稲。精米後の米（チャカ ca hk'a）と区別する。

56 ラフは糸で編んだ肩掛けかばん（ミチョ mi chaw）を用いる。**コラム「かばんを編む」を参照。**

57 原著ではここで頁が終わる。次の頁はまったく別の文が途中から始まる。明らかなタイプミスであり、途中の一節がとんでしまっている。英語版『49のラフの物語』[Angela Pun and Lewis 2002]にほぼ同内容の物語（"Seven Stupid Men"）が収録されているので、このタイプミスによる欠落箇所に限っては同書からの引用［58-59］によって補った。

せました。家来たちは主人の言いつけを聞いて、女主人の遺体を船に乗せて川を渡りました。そのときに大雨が降ってきて、川が増水しました。彼らは向かい岸に着いたときに船を岸に残し、女主人の遺体を運んで岸辺に埋めました。埋葬が終わり、彼らは向かい岸に帰ろうとして船に戻りました。そのときには雨がやんで、川の水も引いていました。しかし彼らは船に乗り、力いっぱいこぎました。どれだけこいでも、船は少しも動きませんでした。そこで彼らは船を降り、下を見てみました。船の下に、小さな蛇が寝ているのが見つかりました[58]。そして彼らは言いました。

「船が動かないと思ったら、蛇にかみ殺されていたんだなあ。」

そして彼らは船を燃やしてしまいました。

そして「帰れなくなったよ」と言って、主人を必死に呼びました。主人は斧を7本もち、船に乗ってやって来ました。「お前たちは自分で船をくりぬいて帰ってこい」と言いつけました。7人は船をくりぬきましたが木が倒れてきません[59]。ちょうど船をくりぬき終わったところで木が倒れてきたので、船は割れてしまいました。何本切り倒しても割れてしまうので、彼らは話し合いました。「木を倒すといつも割れてしまうなあ、だったら船をくりぬき終わったところで、6人が木の下で支えて、ひとりが木を切り倒そう」と言いました。そうして木を切り倒したときに、6人全員が下敷きになって死んでしまい、ひとりだけが残りました。

残されたひとりは7本の斧をもって先に向かい

58 ここまでが英文版からの引用である。

59 この表現から見て、木の幹にカヌーをくりぬいた上でそれを切り倒そうとしていたようである。

ましたが、お腹がすいたので横になりました。そのとき彼はおならをして、そのにおいを自分でかぐとひどく臭かったので、「私も死んでしまったんだなあ」と言って道ばたに寝ました。そこに象使いがひとり、象に乗ってやって来ました。

「誰だ、道ばたに寝ているのは。どいてくれ、俺の象に踏み殺されてしまうぞ。」

そう言ったのですが、彼は起きません。逃げません。最後に彼は言いました。

「あなたの象が踏み殺すなんて言わないでくれ。私はもう死んで腐ったにおいがするんだよ。」

そこで象使いは象からおりてきて、象の頭を叩く鉄の棒[60]でこの愚か者の頭を叩きました。そうしたら飛び上がって起きたのだそうです。

「私は死んでいたのに、あなたの鉄の棒で叩いたら生き返った。」

彼は体をなでまわしてにおいをかいでみましたが、もうおならのにおいがしなかったので、生き返ったのだと思ったのです。

「あなたの鉄の棒、これはすばらしいではないか。私は死んでいたのにあなたが叩いたら生き返った。私の斧を7本もっていきなさい。あなたの鉄の棒は私がもっていって、死んだ人を生き返らせてまわろう。」

そう彼は言いました。象使いは言いました。

「だめだよ。俺の象を叩けなくなっちまう。象は大きいから木の棒で叩いても痛がらない。鉄の棒で頭を叩かないといけないんだ。」

しかしこの愚か者は言うことを聞かず、自分の斧を7本おいて、鉄の棒を持っていきました。

[60] 原語は sho k'u k'aw leh。錨とも訳せるが文脈上不自然になるので鉄の棒と訳した。

61 原語はジョモなので王と訳してもよいのだが、この文脈では通りすがりの村の支配者という意味で用いられているので領主と訳しておいた。

＊コラム「結婚式のしきたり」を参照。

　あるところに着いたとき、人が騒いでいるのが見えたので見に行ってみると、領主[61]の娘が死んだので集まって泣いていたのだそうです。
　「あなたたち全員外に出なさい。私が叩いて生き返らせてあげましょう。私がもっている鉄の棒は、死んだ人もこれで叩けば生き返るのです。」
　そう言って領主の娘の部屋に入り、死んでいる領主の娘の頭を叩きました。何回叩いても領主の娘は生き返りません。そして領主が戸を開けてみてみると、死んだ娘がめちゃくちゃにされていたんですよ。愚か者が叩いてばらばらにしてしまっていたそうなんですね。そして領主は言いました。
　「愚か者よ、去りなさい。死んだ人は叩いて生き返るものではない。お前もひとと一緒に泣いていれば、たらふく食べさせてやったのに。」
　そう言って追い出しました。
　愚か者は、次にひとが泣いているところを見たら泣かなければならないと聞いて、先に進むと、結婚式でしきりに呼んでいるのを見たので、彼も行って大いに泣いたそうです＊。そうすると周りの人たちが彼に殴りかかりました。
　「ひとが呼んでいるところ、喜んでいるところに、お前はなんで泣きに来るんだ。お前もひとと一緒に喜べばたらふく食べさせてやったのに。次にひとが喜んでいるのを見たら、お前も手を叩いて喜んでやりなさい。」
　そう言って彼を追い出しました。
　愚か者はさらに先に進んで、野鶏を捕まえる人が、野鶏をおとりで捕まえようとしているのを見たときに、ひとと一緒に喜べと言われたのを思い

ラフ族の昔話

*コラム「野鶏の狩り」を参照。

だして、手を叩いて驚かせてやったら、野鶏が逃げてしまいました*。そして野鶏を捕まえる人が来て、彼に殴りかかろうとしたそうです。「ひとが野鶏をおとりで捕まえようとしているのを見たら、じっとしてこっそり見ていなさい」と言って追い出しました。

　さらに先に進み、5人の女が水浴びをしているのを見かけたので、こっそり見ろと言われたのを思いだして、じっとしてこっそりのぞき見をしました。そして女たちは彼を見つけたので捕まえ、「何であなたは私たちの水浴びをこっそりのぞき見しているのか、私たちが洗濯をしておいておくと見つからないと思ったらあなたが盗んだのか」と言って、彼に殴りかかろうとしました。「次にこういうのを見たら、あなたも棒をもって叩いて洗うのを手伝いなさい」と言って追い出しました。

　ひとりにつき一回叩けと言われたのを覚えながら先に進むと、夫婦喧嘩をしているのを見かけました。ひとりにつき一回叩けと言われたのを思いだしたので、木の棒をもって夫と妻をひとり一回ずつ叩きました。夫と妻はとても痛かったので、「何であなたは私たちを叩くのか」と聞きました。

　「人を見かけたらひとりにつき一回叩けと言われたので、あなたたちを叩いたのです。」

　そこで夫婦は言いました。

　「あなたに叩かれたせいで私たちの夫婦喧嘩は終わりました。ありがとう。次は叩いてはいけません。ひとが喧嘩しているのを見たらちゃんと仲裁してあげなさい。」

　そう言って、もち米のご飯を食べさせて送り出

しました。

　さらに先に進み、2頭の水牛が突きあっているのを見かけました。ちゃんと仲裁してあげなさいと言われたのを思いだして、2頭の水牛のあいだに割って入り、「二人の友よ、喧嘩はいけません、私が仲裁してあげます」と言って水牛に手をさしのべました。そのとき1頭の水牛がもう1頭に突進して、最後には水牛に突き殺されてしまったそうです。

（覚え書き）
　知恵がなければ愚か者だというのはわかりきったことです。字を知らなければ目があっても見えず、耳があっても聞こえず、口があっても話せず、お尻があってもうんこができません。町に行き外国に行けば唖[62]になってしまいます。だからひとりひとりがみな、生まれてから死ぬまで、知識や異民族の言葉[63]、異民族のやり方をしっかり学ぶべきなのです。
「いかに幸いなことか
　知恵に到達した人、英知を獲得した人は。
　知恵によって得るものは
　銀によって得るものにまさり
　彼女によって収穫するものは金にまさる。
　真珠よりも貴く
　どのような財宝も比べることはできない。
　右の手には長寿を
　左の手には富と名誉を持っている。
　彼女の道は喜ばしく
　平和のうちにたどって行くことができる。

62　原語ではチョカ chaw k'a。日本語としては差別語にあたるが、原文では明確に侮蔑のニュアンスを含む言葉として使われているのであえてそのまま訳した。なおこの語は愚か者という意味でも用いられる。この物語で使われている「愚か者」も原文ではチョカである。

63　原語はシュコ shuhkaw（他人の言葉）でこれは外国語とも訳せるが、ラフのような民族にとっては中国語、ビルマ語、タイ語などの隣接民族の言葉もシュコである。

彼女をとらえる人には、命の木となり
保つ人は幸いを得る。
主の知恵によって地の基は据えられ
主の英知によって天は設けられた(箴言3：13-19)。」
知恵とは貴いものです。しっかりと知恵を求めましょう。

14. ひとが食べているところを見るな、しているところを見よ[64]
(おいしい料理を食べたいみなし子[65])

むかしある未亡人と息子がいました。息子は遊びに行って帰ってくると、いつも「お母さん、よその家みたいにおいしいものが食べたい*」と言っていたそうです。お母さんは言いました。

「息子よ、何もないんだよ。あんたが何ももってこないから。あんたがもってきたらおいしいものを食べさせてあげるよ。」

そして息子はある日、友達と一緒に魚をとりに行くと言って出かけました。友達は魚のとりかたを彼に教えてあげませんでした。水の汲みかたを教えてやろうと言って、竹の筒の底に穴をあけておいたのだそうです。一日水を汲んでも終わりませんでした。最後に底の穴を葉っぱでふさぎ、泥でふさいで汲み終えたそうです。彼が戻ってくるのが遅すぎたので、友達は魚をとる道具を火で燃やして帰った後でした。そしてこのみなし子は燃えかすを見てまねをして作り、魚をとる道具を作

---

64 これはラフの人口に膾炙したことわざであるが、ここでの内容と必ずしも一致しない。「結果だけ見て他人を羨ましがるな、そこに至る努力をこそ見習え」というのが本来の意味である。

65 原語はヤチュシ ya cu shi。片親のみを欠いた子供の意味であるが、ラフ語では両親を欠いたフクニ fui ku nyi とあわせて孤児の意味で用いられる。

*コラム「おいしい料理とは何か」を参照。

ることができました。彼は漁をしたかったのですが、他の人は彼に漁をさせてあげませんでした。端っこでもいいから漁をしたかったのですができませんでした。そこで木の股にわなをかけておいたのだそうです。

　その晩に大雨が降って水かさが上がり、みなし子が筌(うけ)をはさんでおいたところまで水が届いたそうです。あくる日に見てみると、筌の小魚を食べようとしてしらさぎが中に入り、出られなくなっているのを見つけたそうです。そこでみなし子は言いました。

　「しらさぎよ、僕のお母さんのところに行って殺してもらい、おいしい料理を作ってもらいなさい。」

　そう言って放してやったのだそうです。家に戻りお母さんに言いました。

　「お母さん、おいしい料理はできた？」

　そこでお母さんは、「何をもってきたんだい、あんたは何ももってこないじゃないか」と言いました。そしてみなし子は言いました。

　「お母さん、しらさぎが帰ってきたのを見たかい。僕はしらさぎを一羽つかまえたからお母さんのところに行かせて、おいしい料理にしてもらうようにと言っておいたんだよ。」

　お母さんは言いました。

　「息子よ、あんたはばかだよ。しらさぎを見つけたら棒で叩き殺してからもって帰っていらっしゃい。そうすればおいしいものが食べられるんだよ。」

　その後のある日、みなし子はもう一度出かけ、

茸のかたまりを見つけたので、棒で叩き壊してもって帰りました。そこでお母さんは言いました。

「息子よ、あんたはばかだねえ。こういうのを見たら手で持てばいいんだよ。そうすればおいしいものが食べられるんだよ。」

その後のある日にもう一度出かけ、蜂の巣を見つけたので手で取ろうとしたらできなかったそうです。家に帰ってお母さんに言いました。

「お母さん、今日は蜂の巣を見つけたから手で取ろうとしたけどだめだったよ。ひどく刺されたよ。」

そこでお母さんは言いました。

「息子よ、ばかだねえ。そういうのを見たら火であぶってからもって帰ればいいんだよ。そうすればおいしいものが食べられるんだよ。」

その後のある日にもう一度出かけ、キョンを見つけたので火を焚いたら飛び上がって逃げてしまいました。家に帰ってまたお母さんに言いました。

「今日はキョンを見つけたので木くずを集めて燃やしたら、キョンが飛び上がって逃げちゃったよ。」

お母さんは言いました。

「息子よ、ばかだねえ。そういうのを見たら棒で殴り殺して、担いで帰ってきなさい。そうしたらおいしいものをお腹いっぱい食べられるんだよ。」

みなし子は、「殴り殺して担いでこい」と言われたのをよく頭に入れて、もう一度出かけました。その日はお坊さんに会ったので、殴り殺して担いで帰ってきたそうです。お母さんはそれを見て、

「息子よ、そういうのは殴り殺すもんじゃないんだよ、会って拝めば功徳がもらえるんだよ」と言ったそうです。

「会って拝めば功徳がもらえる」と言われたのを頭に入れて出かけると、大きな虎を見かけたので拝みました。そして虎は彼を食べてしまいました。

(覚え書き)

この未亡人は自分の息子に勉強させなかったせいで、息子がばかになってしまったことがわかります。私たちはどんなに貧乏でも、努力して子供たちに勉強させるべきなのです。子供たちひとりひとりがみな、よく考え、よく知り、よく気がつくようになるよう願います。「それも、穏やかに、敬意をもって、正しい良心で、弁明するようにしなさい。そうすれば、キリストに結ばれたあなたがたの善い生活をののしる者たちは、悪口を言ったことで恥じ入るようになるのです(Ⅰペトロ3：16)。」「兄弟たち、ものの判断については子供となってはいけません。(中略)大人になってください(Ⅰコリント14：20)。」若者が知っているというのは、老人が忘れたというほどにも足りないものです。

15. 仲良くすることの恵み(Ⅰコリント1：10)

むかし中国に、シシアドという名の人がいました。彼には悪霊がとり憑いていたので*、悪いこ

*コラム「ラフの憑きもの」を参照。

とばかりしていたそうです。村ではほかの村人の豚や鶏をいつも彼が全部食べてしまっていたそうです。あるみなし子[66]が飼っていた豚や鶏も、いつも彼が全部食べてしまうので、みなし子は村長を訪ねたのですが、村長も悪霊憑きの男がこわくて何も助けることができません。

そこでみなし子は、友達を7人集めました。まず最初に山猫[67]を呼んだそうです。そのほかさらに、栗、うなぎ、いばら、かぼちゃ、たけのこの皮、きねを呼び集めました。彼らはみなし子に、「君は僕らに何を手伝って欲しいんだい」と聞きました。そこでみなし子は、「日が暮れて夜になったら、山猫君、君は悪霊憑きのシシアドの鶏にこっそり噛みついてくれ」と言いました。栗には囲炉裏で暖まっていてくれと言いました（ことわざでは「いい娘なら栗をはじくな、いい若者なら熊を捕まえるな」と言います。美しい娘が栗をはじけさせると目がつぶれ、よい若者が熊を捕まえるとひっかかれて噛まれる。結婚できなくなるという意味です）*。

「うなぎ君、君は水がめの中に入っていてくれ、いばら君、君は家の中（客間[68]）にいてくれ、かぼちゃ君は梁の上で待っていてくれ、たけのこの皮君は階段[69]の入り口で待っていてくれ、きね君は階段の上の床で待っていてくれ。悪霊憑きのシシアドが死ぬように僕らで一緒にやろう。」

そう言うと皆が賛成し、ひとり一つの役割をもってやろうと言ったそうです。

そして日が暮れて夜になると、山猫が行って悪霊憑きの鶏にこっそり噛みつきました。悪霊憑き

---

66 ここのみなし子もヤチュシ（片親のみ欠いた子供）である。

67 ラフ語ではゴメク g'aw meh ku。体毛にまだらがあり、小型の豹のような姿をしている。

*コラム「ラフのことわざ」を参照。

68 客間 k'aw k'aw ji というのは居間と訳してもよい。通常は家屋の奥が寝室で、その手前の広い部分を指す。

69 ラフの高床家屋では出入り口に階段がある。

ラフ族の昔話

ははね起きて、囲炉裏の薪をとって叩きに行こうとすると、火で熱してあった栗がはじけて目に入りました。そして水で洗うために水がめから汲もうとすると、うなぎが手を切りました。振り返って戻ってくると、どこを向いてもとげだらけで、とげに引っ掻かれて痛いので跳び上がると、梁の上のかぼちゃが落ちてきてシシアドの頭に当たりました。とても痛いので外に飛び出し、たけのこの皮を踏んで滑って足を折ると、きねが落ちてきて頭を叩き、シシアドは死んでしまいました。

(覚え書き)
　みなし子の友達は、仲良くすることができ、助け合うことができたので、悪霊シシアドは死んだのです。仲良くすることには大きな恵みがあります。ひとりひとりがみな仲良くできるように努力してください（Ⅰコリント1：10）。ことわざでは「敵は一人でも多く、友は百人でも足りない」と言います。友達を増やすように努力しましょう。

16. 求めなさい、そうすれば、与えられます
　　（マタイ7：7、マルコ9：23、11：24）

　むかし盲目の男と盲目の女が結婚し、息子が一人生まれました。両親は盲目でしたが、息子は目が見えました。この息子が大きくなったとき、仲間と狩りに行って子鹿を一頭つかまえたので、きちんと小屋を建てて飼っていました。この鹿は大きくなり、鞍をつけてものを運ばせていたそうで

す。ある日、鹿に薪を運ばせるため、山に行って木を集めていると、一人の王子が狩りに来ました。鹿を見つけたので、人が飼っているとも知らずに弩に矢をつがえてしっかりねらいを定めて撃つと、鹿には当たらずに飼い主に当たってしまったそうです。そして鹿の飼い主は大声で悲鳴をあげました。

「誰だ、私を撃ったのは。」

王子が走って見に来てみると、盲目の夫婦の息子でした。「あなたが私を撃ち殺したので私は死にます、お父さんとお母さんに知らせてあげてください」と言いました。そして王子は盲目の夫婦のところに行って知らせました。すると、盲目のおじいさんとおばあさんはひどく泣きました。王子は言いました。

「おじいさんおばあさん、泣かないでください。どうしようもないのです。私もあなたの子供をわざと撃ったのではありません。鹿を撃ったら当たってしまったのです。あなたたちが鹿を飼っているとは知らなかったからです。私の罪を許してください。あなたたちの子供の補償をあげます。そのほかに、あなたたちが死ぬまで私が面倒を見ます。」

そう言ったのですが、盲目のおじいさん、おばあさん夫婦は聞かずに大泣きしていました。王子も困ってしまい、そのまま帰りました。

彼らがわんわん泣いて悲しんでいるのを神が聞いて、天使（パヤ・イ[70]）を一人つかわして、盲目の夫婦が機嫌を直すようにいろいろと伝えました。

[70] これはパヤ・イン hpa ya in を指すものと思われる（ラフ語では音節末の n は発音上脱落する傾向がきわめて強い）。パヤ・インとはルイスの辞書によれば、地下の精霊・天使 'spirit-angel' who lives underground となっている [Lewis 1986: 281]。もっとも本文での「天使（パヤ・イン）」という表現のうち「天使」とはムノマツヤ mvuh naw ma tcuh ya である。ムノマとは天ないし天国でツヤとは使者である。このムノマツヤとは聖書中の天使の訳語にも用いられる。上の定義ではパヤ・インは地下の主であるから、それを「天使＝ムノマツヤ」と同義とするのは矛盾といえば矛盾である。なおパヤ・インというのはタイ系言語からの借用である。

「泣くな。お前たちの死んだ息子を私が生き返らせてあげよう。そうでなければ、お前たちが食べきれないだけの食べ物飲み物が入った金の壺を一つあげよう。そうでなければ、お前たち二人を目が見えるようにしてあげよう。」

おかげでおじいさんとおばあさんは嬉しくなりました。しかし天使は言いました。

「この三つのうち、お前たちがほしいものを一つだけ言いなさい。三つとも望むことはできない。三度望むこともできない。一度だけ、一つだけ望みなさい。」

そして盲目のおじいさんとおばあさんは話し合いました。三つともほしいのです。しかし三つを望むことはできないと言われたので、おじいさんはおばあさんに聞きました。

「おばあさんや、どれにしようか。」

おばあさんは言いました。

「知りませんよ。あんたは男なんだから自分で考えてお願いしたらいいでしょう。」

おじいさんは考えました。息子にも生き返ってほしいのです。無限の食べ物飲み物の壺もほしいのです。ずっと目が見えなかったので、目が見えるようにもなってみたいのです。一つ手に入って一つ手に入らないのではじゅうぶんではありません。そこでおじいさんは、よく考えてお願いしました。

「神よ、あなたの命じるままにお願いします。私の息子が生き返り、無限の食べ物飲み物の金の壺を担いで帰ってくるのを、目が見えない私たち両親が見えるようにしてください。」

そうお願いしたのです。このおじいさんは願い上手ですね。一回だけのお願いに、三つとも全部入れてしまったのです。そして天使も言いました。
「お前は願い上手だなあ。一度だけのお願いに三つとも全部入れてしまった。それならば、お前の願いがすべて満たされるように。お前たちの死んだ息子が生き返り、無限の食べ物飲み物の入った金の壺を担いで帰ってくるのを、目が見えないお前たち両親が見ることができるように。」
そうして盲目のおじいさんとおばあさんは喜びをすべて手に入れたのです。

(覚え書き)
信じて求めれば与えられるのです。このおじいさんはよく考えて上手にお願いしたおかげで、すべてを手に入れることができたのです。イエスは言いました。求めなさい。そうすれば与えられます。さがしなさい。そうすれば見つかります。戸を叩きなさい。そうすれば開きます。求めて得られなければ、なぜ得られないのか、何が悪いのかをもういちど考えるのです。私たちの弱いところや、私たちの間違いを明らかにして、神に謝れば、あなたの求めるとおりに神は与えてくださるでしょう。霧のなかでは太陽の光が見えないのと同じで、罪をかかえて祈れば、私たちの祈りの言葉も神には届きません。神が何よりも欲する供え物とは、ひとりひとりが自分の間違いを明らかにして謝り、罪を悔い改める心なのです。信仰をもって願いなさい。そうすれば、与えられます(ヤコブ 1：5-7)。

17. こっそり食べる、こっそり見る、こっそり話す、こっそり聞く
（ルカ12：1-3）

　むかし神がチャティとナティ[71]を創造して、「お前たち二人によって地上の人間たちがたくさん生まれるように」と祝福してあげたそうです。しかしチャティとナティ[72]は一緒に寝ることを知らなかったのだそうです。そして神は箕を二つ[73]ゆすって転がし、ひとつのなかにもうひとつが入るようにしたそうです。臼を二つゆすって転がし、ひとつのなかにもうひとつが入るようにしたそうです。チャティとナティがそこから、一緒に寝て一緒に住むことを学んでくれるようにと考えたのですが、チャティとナティは一緒に寝ることを知らなかったのだそうです。そして神は、「チャティとナティ、こいつらはだめだ、考えが及ばないんだなあ」と思いました。一緒に住むということがわかるように、仲良くするということがわかるようにと、惚れ薬[74]を作りました。雄鶏の蹴爪の皮をとって、惚れ薬をひとり一杯ずつ飲ませました。しかし、一緒に住むということがまだわかりませんでした。そしてナティは、チャティがいないときに、神も見ていないだろうと思って、惚れ薬の残り一杯をこっそり飲みました。彼女がそうやってこっそり飲んでいるのを、木の上にとまっていた鷹が見ていたのだそうです。そこで鷹は言いました。

　「ナティよ、僕は見たよ。僕が神様に言いつけてやろう。」

[71] チャティとナティは一般には、ひょうたんから出現した原初の人類だとされている。「1. アドアガと天地創造の話」を参照。「2. 最初に生まれた人間の話」で奇形児を生んだのもチャティとナティである。したがって本来は、この話は人類始祖の出現と原初の出産のあいだに位置すべき話であるから1と2のあいだに挟まれるのが自然である。

[72] チャティが男でナティが女。

[73] 原語ではハマ ha ma とハク ha keu。どちらも米をふるい分ける箕であるのでこのように訳した。

[74] 原語はペグズグ peh g'ui tzuh g'ui。ペウェズウェする液体 aw g'ui という意味で、ペウェズウェとは男女がいちゃつく、あるいは色気があるという意味に相当する。

そのためナティは心配になって不安になりました。

「鷹さんよ、神様に言いつけないでちょうだい。謝るから。」

そう言ったのですが、鷹は言いつけてやろうと言うばかりです。ナティは困ってしまい、「鷹さんよ、言いつけないでちょうだい、いつか私が鶏を飼ってひよこが大きくなったら、あなたに食べさせてあげるから」と言ったそうです。だから今でも、女が鶏を飼うと鷹が捕って食べてしまうといいますが、それはここから始まったのだそうです。

ナティはこっそり、チャティより一杯余分に惚れ薬を飲んだので、今でも男より女の方が惚れっぽい[75]のだそうです。ことわざでは、「女は虫が騒ぐとイラクサの森９つ分疼（うず）く」と言います。男はそこまでいかないそうです。しかし男も、虫が騒ぐと鋤を７つつないで持ち上げることもできると言います。これはことわざです（誤解しないように）。今でも女が男より先に結婚したがるのは見てのとおりです。

（覚え書き）

こっそり食べる、こっそり見る、こっそり行う、こっそり知る、こっそり話す、こっそり聞く。「頭隠して尻隠さず」と言うとおりです。だから皆さんもこっそり食べないように、こっそり話さないように、こっそり行わないようにしましょう。ことわざでは「すかしっ屁は匂いが残る、ひそひそ声は記憶に残る」と言います。イエスは言いま

[75] 原語はペプズプウェ peh pui tzuh pui ve で、これは「ペウェズウェが上手だ」という意味である。つまり単に惚れっぽいだけではなく、色気がある、淫らである、性欲が強いというニュアンスを強く含む。本文では文脈を考えて「惚れっぽい」という訳語だけをあてておいた。

した。「隠されていたもの、覆われていたものはすべて、明るみに出されるのです(ルカ12：1-3[76])。」

18. ラフの将軍シャチャ・ポムシュの話

　シャチャ・ポムシュについて簡単に少しお話ししましょう。むかしラフのシャチャ・ポムシュは、戦に強く賢い将軍だったそうです。彼が漢人に加勢してビルマを攻めれば漢人が勝ったそうです。ビルマに加勢して漢人を攻めれば、今度はビルマが勝ったそうです。北に南に、あちらを攻め、こちらを攻め、いつも勝っていました。しかし休む時間がなかったんだそうです。そのためビルマを攻めて中国に帰る途中で、ビルマと中国の国境であるヒトファに着いて休んでいたとき、

　「今日からは戦はやらない。戦というのは休む時間がない。食べてもお腹いっぱいにならない。今日から私の一族[77]は代々祝福のしもべとなる[78]ように。」

　そう言って、ヒトファという大きな岩の上に石をおいて誓いをたてたのだそうです。この石は今でも残っています。ヒトファの山は、ムンヤンのあたり、中国国境のパサチャ村の近くにあります。パサチャという名前の意味は、むかし漢人と白人が野営(パ)をして誓い(サチャ)をたて、国境(の表示)を建てたので[79]、パサチャという名前になったのだそうです。パサチャ村は今もあります。シャチャ・ポムシュはヒトファで誓いをたて、中国にあるナト山に行って住み、そこで死んだのだ

---

[76] ここは聖書から逐語的に引用すると次のようになる。「とかくするうちに、数えきれないほどの群衆が集まって来て、足を踏み合うほどになった。イエスは、まず弟子たちに話し始められた。『ファリサイ派の人々のパン種に注意しなさい。それは偽善である。覆われているもので現されないものはなく、隠されているもので知られずに済むものはない。だから、あなたがたが暗闇で言ったことはみな、明るみで聞かれ、奥の間で耳にささやいたことは、屋根の上で言い広められる。』」

[77] ここで用いられているのはオチュオカ aw ceu aw hk'a であるが、これは日本語にうまく訳しにくい。ルイスの辞書では「lineage (clan), kin, kindred」という英訳語があてられている [Lewis 1986: 52]。ただしラフには単系出自の観念がないので、リニージやクランをあてるわけにはいかない。ここでのオチュオカは男子、女子双方の血縁を通じた子孫という意味に解しうる。

そうです。

　彼が死んだ後は、彼が言っていたように、彼の子供から孫、ひ孫、その子供、さらにその子供に至るまで代々祭司[80]になったのだそうです。大祭司ムロパという人が大祭司をしていた時代に、ナト山を出て南下し、プシャイに至りました。そのときには、頭の白い老人が80人いたそうです。しばらく後には、畑仕事をしながら移って行って[81]、国境の北にある中国のナロンというところに移り住んだそうです。

　祭司ムロパが死んだ後は、チャパの息子リスが大祭司になりました。彼の下には祭司が7人いて、大祭司だけは白い服を着ていたのだそうです。むかしラフがノシェノロに住んでいた頃を懐かしむしるしとして、ノシェの湖を掘り神殿を建てて祈りを捧げたそうです。東からも西からも南からも北からも、人々がそこに功徳を求めてやって来たそうです。今でもノシェカという踊りの演目[82]がひとつ残っています。

　リスが大祭司だったときには大きな力[83]をもっていたそうです。「今日狩りに行く、鉄砲を撃つ、生け捕りにする、オスをつかまえる、メスをつかまえる」と言って狩りに出かけると、言ったとおりになったのだそうです。しかし「功徳一つに罪九つ」と言うように、「ナボマがいてナシマがいないのではだめだ[84]」と言い、「祭司一人に妻は二人いなければならない」と言って二人の妻を娶ったそうです[85]。そのため、それほど大きかった力も失われて消えてしまいました。

　大祭司リスが力を失ってしまった後で、エウと

78　宗教者になるということ。

79　清と英国とによる国境画定作業を指していると思われる。国境協定は1894年に締結されている。

80　原語はポクー paw hku。

81　一次林開拓型の焼畑を行う場合、新規開墾地を求めて村を移転していくことになる。

82　この場合の踊りとは、正月の踊り（カケウェ k'a hk'e ve）のことである。

83　日本語の「力」にあたるラフ語には二種類ある。ひとつは体力などをあらわすオガ aw g'a で、もうひとつは神秘的な超能力を意味するカンパ kan pa である。ここで用いられているのは後者のカンパである。以下の記述からしてこの場合のカンパとは予言能力を含むもののようである。

84 ナボマ na bon ma、ナシマ na shin ma はともに祝福の僕となる女性の意味である。ボトシはオボ aw bon とオシ aw shin の略で、この二つの語はともに功徳ないし祝福を示し、しかも多くの場合オボオシという熟語あるいは対句表現で用いられる。ここでの用法は、祭司リスが、祭司の妻をナボマと呼ぶならばそのほかにナシマがもう一人いてよいだろうと屁理屈を言ったということを意味している。

85 この種の非難にはキリスト教道徳の匂いも感じられるが、ラフにおいてはキリスト教徒、非キリスト教徒を問わず一夫多妻は一般的ではない。ラフの予言者についての伝説には、せっかく神から与えられた力を女癖が悪いせいで失ってしまったというエピソードがよく登場する。

いう人が祭司になったそうです。最後の祭司となった人はロプシという名前だったそうです。彼の祭司ぶりは、以前の人が祭司をしていたのとは違いました。歳も80になっていたそうです。この祭司は祝福の言葉を教えて、「子供たちよ、祝福の主がまもなくやって来るぞ、昔アテフチュが言っていたように、祝福の主を起きあがってさがしてはならない、祝福の主を起きあがってさがせば、杖を9尋9担ぎつき終わっても祝福の主には会えない[86]」と言ったそうです。

「真の祝福は、針ねずみや山嵐の足跡を通って囲炉裏端に入ってきて教えてくれるのだそうだ。それこそが、まことの祝福の主なのだそうだぞ。」

そう言って教えていたときに、南の国からのぼってきた宣教師ヤング・アパク[87]（白人）とカレン[88]の宣教師たちが福音を伝えにやってきたのだそうです。そして大祭司ロプシはそれを耳にして、「子供たちよ、私が言っていた真の祝福とはこれのことである、この教えを受け入れなさい、私はあやうくそれを見そびれるところであった」と言って、自分から最初に洗礼を受けたそうです。その日には30人の人が洗礼を受けたそうです。その日以来、蜜蝋や線香を燃やすのをやめて、聖書の教えを聞いて主イエス・キリストを知るようになったのだそうです。ろうそくを燃やし線香を燃やしていると、忌みごともたくさんあり、お供え物の相手もたくさんいます。山あれば山の霊あり、川あれば川の霊ありと言ってはお供えをして忌みごとを守ります。豚をつかまえては精霊に捧げて魂を呼びます。とても大変でしんどいです。今は

聖書を用いる時代で、お供えの必要などないのです。まことの清い祝福とはこの教えのことだと、そう言ったのだそうです。

(覚え書き)

ことわざで「功徳一つに罪九つ」と言うように、ラフの祭司の多くが神に仕えていながら、最後には自分の心を保つことができずに堕落してだめになってしまったことがわかります。イエスは言いました。人間とは弱いものなのです。誘惑の道に行かないよう祈って守らなければなりません(マタイ26：41)。ことわざでは「神に仕えたい人は自分の心をよく保ちなさい」と言います。兄弟たちよ、真の祝福とはこういうものです。「神は唯一であり、神と人とのあいだの仲介者も、人であるキリスト・イエスただおひとりなのです。この方はすべての人の贖いとして御自身を捧げられました(Ⅰテモテ2：5-6[89])。」だから今の私たちは、蜜蝋を燃やして花を捧げる[90]必要はないのです。イエスの体を我々すべての人のために捧げてあるのです。「疲れた者、重荷を負う者は、だれでもわたしのもとに来なさい、休ませてあげよう」とイエスは呼んでいます(マタイ11：28-30)。イエスを信じれば、昔の先祖の時代から行ってきた古い悪習から自由になれるのです(Ⅰペトロ1：18)。

86　これはやや要領を得ない表現であるが、ようするにどれだけさがしまわっても無駄だということを言っているのである。アテフチュ(アシャフチュ)によるこの予言の表現は異伝により少しずつ異なる。たとえば別のある異伝では、杖を9本、笠を7つ、靴を7足使い終わっても真の神には会えないと表現されているが［Ba Thein Chang and Ya ko Perng 1996: 20］、いわんとすることは同じである。

87　ヤングが姓でアパクが愛称である。本名はウィリアム・マーカス・ヤングという。米国籍のバプテスト派宣教師である。アパクというのは父を意味するラフ語である。

88　主に下ビルマ東部に住む民族。ラフより早く19世紀前半からキリスト教の布教が行われていた。

89　原著ではⅠテモテ1：5となっているが誤りなので改めた。

90　原語は hkaw tan ve。ラフの非キリスト教徒の慣習で、儀礼用の造花(棒を綿で飾る)を神に供えることを指す。

19. 手が狂うと肉を食べる、国が狂うと金がなくなる（気をつけましょう）

　聖書はテトス3：2、Ⅰコリント14：20、マタイ12：37。食べる前に匂いをかいでみなさい、行う前に考えてみなさい[91]。よく噛んでから飲み込みなさい。そうでないとのどにつまってしまいます。ほかの人を困らせたり迷惑をかけたりしないように、弁償させられたりすることのないように、注意しましょう。

　むかしキョンが木の根元で寝ていました。蝉が一匹、木の上にとまって鳴いていたそうです。蝉の鳴き声が「ツコエ、ツコエ、プレア、プレア[92]」といっているのをキョンが聞いて、自分をミンチにして食べようとしているんだなあと思って、跳び上がって逃げたところ、ひとの畑に入り、かぼちゃの蔓に足を取られて、大きく実ったかぼちゃの実を蹴ると、かぼちゃは転がり落ちて胡麻の木に当たり、胡麻の種が飛び出しました。胡麻の木の根元で日差しをよけて、地面をつついていた野鶏の目に胡麻の種が入ったので、野鶏は目が見えなくなって飛んで逃げ、茂みのなかに飛び込んで蟻塚を踏み、アリが中に住めなくなって出てきてしまいました。そして木の根元で寝ていた大きなオスの象の鼻や耳や目のなかにアリが入ってきたので、象もいたたまれなくなって川に飛び込んだところ、かえるを踏みつけてしまい、かえるの腸がぜんぶ飛び出してしまったのだそうです。

　かえるは目をまん丸くして、象を怒鳴りつけました。

[91] これは聖書の引用ではなくラフのことわざである。

[92] ツコエ tsuh k'aw-eh はキョン（ラフ語ではツピコエ tsuh pi k'aw-eh）の略、プレア peu leh-a はプウェ peu ve とレゥェ leh ve の合成で、プウェは肉をミンチにすること、レウェは食べることを意味する。タイ語でラープと呼ばれる料理と同じである。

「あんたが私の腸を踏んで出してしまったから、腸がなくなったぞ。早く埋め合わせてくれ。」

そう言ったのです。

象は言いました。

「私が悪いんじゃないよ。アリが私の目と耳と鼻の中に入ってきて、いたたまれなくなったからあんたを踏む羽目になってしまったんだ。埋め合わせはアリに言ってくれ。」

アリは「野鶏が悪いんだよ」と言いました。野鶏は、胡麻の木と胡麻の種をとがめ、胡麻の木はかぼちゃの実と蔓を、かぼちゃはキョンをとがめました。

最後にキョンが言いました。

「私はじっと静かに寝ていたんだよ。蝉が私をミンチにして食べるぞ食べるぞと言うから、こわくなって走って逃げたらかぼちゃの蔓につまづいたってわけなんだ。私は何にも知らないよ。私が悪いんじゃない。蝉が悪いんだ。」

そして蝉は自分の腸を引っぱり出して、かえるに弁償してあげなければならなくなりました。今でも蝉に腸がないのは、そのせいなのだそうです。

(覚え書き)

私たちも蝉のように、他人から弁償を迫られたりしないために、他人を困らせたり迷惑をかけたりしないために、いつも気をつけていましょう。注意にまさるものはなしとも言います。常に注意しましょう。どんなときでもよく考えて行動しましょう。考えるときは子供のようにしてはいけません。大人のようによく考えて話せる人、行動で

93 「蛇のように賢く、鳩のように素直な」云々はこの引用箇所からであるが、その前段にある、ものごとの判断については大人になれ云々というのはⅠコリント14：20からのほぼ逐語的な引用である。

94 ここで「掘る」というのはブウェ bvuh ve で、特に豚などが鼻面で地面を掘り返して食料をさがすことを指す。

きる人になってください。蛇のように賢く、鳩のように素直な人、他人を困らせたり迷惑をかけたりしない人になってください（マタイ10：16[93]）。上の聖書からの引用をよく読んで、力をつけてください。なぜなら、「あなたは、自分の言葉によって義とされ、また、自分の言葉によって罪ある者とされる」からです（マタイ12：37）。誰をもそしらず、争わず、誰からも侮られないように、気をつけてください（テトス2：15、3：2）。

20. 目を覚ましていなさい

　むかし豚は、いつも人間のために食べ物を掘って食べさせてあげていたそうです[94]。豚の口が横に裂けているのは、人間に食べ物を掘ってあげられるように神が創造してくれたためだそうです。ある日豚は人間を養いきれなくなったので、水牛を使いに送って神にお願いしてもらいました。
　「人間はひどい大食いです。私たち豚には養いきれません。少し憐れんでください。」
　そうお願いして伝えてもらったそうです。そして神も豚をかわいそうに思ったので、水牛に伝令して言いました。
　「今日からは、一日に三度ご飯を食べさせなくてよい。人間には三日に一度だけご飯を食べさせよ。」
　そう伝言したのだそうです。水牛もまた、神に言われたとおり、三日に一度だけご飯を食べさせるようにと頭にきざんで、帰る途中、道ばたの畑

にバナナの木が大きく茂っているのを見かけ、とても日差しが暑かったので、バナナの茂みの下で日差しをよけて休んだのだそうです。そして水牛は、疲れていたのでそのまま眠ってしまいました。
　水牛が目を覚ましたとき、「人間には三日に一度だけご飯を食べさせるように」と言われたのを忘れてしまい、「人間には一日に三度ご飯を食べさせるように」と思い出しました。豚と人間は、神からの伝言を聞くために、水牛を待っていました。水牛が戻ってきて「神からの伝言はどうだった」と聞かれ、「豚さんよ、人間には一日に三度ご飯を食べさせるようにと神は言いました」と答えると、人間はとても喜びました。
　しかし豚は不満に思い、神にもう一度聞こうと走っていきました。豚は神に言いました。
　「神よ、人間はひどい大食いで私が養うのは無理なので、きっと三日に一度食べさせるようにしろと言ってもらえるだろうなと思っていたんですが、一日に三度食べさせろということですよね。私を少し憐れんでください。」
　豚は神にそうお願いしました。
　神は言いました。
　「私は、人間にご飯を一日に三度食べさせろなどと言っていないぞ。三日に一度食べさせるようにと伝言しておいたのだ。いったいお前は誰から聞いたのだ。」
　「水牛から聞きました」と豚は答えました。そこで神は言いました。
　「あの水牛はばかだなあ。私は三日にご飯を一度だけ食べさせるようにと命じておいたのに、あ

いつが一日に三度食べさせると言うのなら、水牛が畑を耕して人間を養うようにしてやろう。豚よ、お前は寝ながら人間に食べさせてもらいなさい。」

　豚はとても喜びました。その日以来、水牛には鼻に穴をあけて田んぼを耕させ、人間を養わせるようになりました。人間も、一日に三度ご飯を食べられることになったので喜びました。今でも一日にご飯を三度食べます。違いますか。豚もまた、人間に食べさせてもらい、食べては寝ています。水牛は言うべきことを言わずに余計なことを言って、神がひとつ伝言しても、違うふうに聞いてひとに伝えたので、鼻に穴をあけて田んぼを耕すはめになってしまいました。

　そして水牛は、バナナの木にひどく腹を立てたのだそうです。「バナナの茂みの下で眠ったせいで」と言いながら、バナナの茂みに行って角で突いてばらばらにしてしまったそうです。今でもバナナの茂みは囲っておかないと水牛が角で突くというのは、そのときからのことだそうです。ほんとうはバナナの木が悪いのではありません。水牛が勝手にバナナの木の下で寝たのが悪いんですよね。

（覚え書き）
　寝ていてはいけません。目を覚ましなさい。私たちも水牛のように眠っていると、他人の家来にならねばなりません。ですから、ほかの人々のように眠っていてはいけません（Ⅰテサロニケ５：６）。すべてのことにおいて、血も肉も、知恵も、魂も、眠らせてはいけません。起きてください。

目を覚ましてください。「眠りについている者、起きよ。死者の中から立ち上がれ。そうすれば、キリストはあなたを照らされる(エフェソ5：14)。」

21. あてずっぽう牧師の話

あるところに[95]、福音を教える牧師がいました。彼は説教するときに、きちんと勉強も準備もしませんでした。聖書を開き、あてずっぽうで選んでみて、そこだけを教えていました。

ある日、ほかの人と一緒に狩りに行きました。行く前の日に、その相手が言いました。「牧師さん、来週のお昼の礼拝が終わったら、私の家で赤ん坊に名前をつけてお祈りをします[96]。」

牧師も、「はい、行ってお祈りをしましょう」と伝えていました。しかしそれを覚えていませんでした。土曜の夕方に狩りから帰ってくると、夜になって妻が言いました。

「ねえあんた、明日はひとの家で赤ん坊の命名のお祈りがあると言っていたのを覚えてますか。ちゃんと準備はすんだんですか。」

牧師は言いました。

「かまわないよ。私はあてずっぽうで説教するのがうまいんだ。」

そしてこの牧師は日曜日一日分どうやって説教するかを、あてずっぽうで聖書を開いて準備しました。しかし彼はお祈りをしませんでした。赤ん坊のための説教にと聖書を開いてみると、「マタ

[95] 原語は te paw hta で、これは「あるとき」「むかしむかし」などと訳すべきであるが、ここでは文脈を考えて「あるところに」と訳した。

[96] バプテストのラフは幼児洗礼は行わないが、新生児が産まれると家に牧師を招いて命名式を行う。

イによる福音書」26章24節にあたりました。そこには「生まれなかった方が、その者のためにはよかった」と書いてありました。そこでイエスは、イスカリオテ・ユダのことを言っているのです[97]。しかしあてずっぽう牧師は、その前を読まず、その後ろも読みませんでした。「生まれなかった方が、その者のためにはよかった」と準備しておきました。

　もう一度、あてずっぽうで聖書を開き、指でさしてみました。教えるにふさわしい箇所が出てきますように、と言いました。すると、「ペトロの手紙二」第2章第12節の「捕らえられ、殺されるために生まれてきたのです」という箇所をさしました。これは偽預言者や偽教師のことを言っているのです。しかしこの牧師は、聖書をきちんと読みませんでした。彼は「捕らえられ、殺されるために生まれてきたのです」と書いてあるところだけを読んだのです。

　そして日中の礼拝が終わると、赤ん坊を捧げる祈祷会の場所で、牧師は聖書を開いて読むときに、自分があてずっぽうで見つけた箇所を読んで説教しました。

　「生まれなかった方が、その者のためにはよかった。捕らえられ、殺されるために生まれてきたのです。」

　そう教えたのです。そのせいで赤ん坊の両親は気分が悪くなり、悲しんで顔が青ざめているのを牧師が見て、

　「あなたたちご両親はなぜ気分が悪いのですか。悲しんではいけません。私は教えるべき人だから

[97] イエスがユダの裏切りを予告する箇所である。

教えたのです。あなたの子供は、生まれてこない方がよほどよかったのです。捕らえられ、殺されるために生まれてきたのです。そこから逃れたいのであれば、雄鶏を一羽もってきなさい。私が祈って清めてあげましょう[98]。心配はいりません。」

と言いました。そして赤ん坊の両親も子供をとても愛していたので、一羽しかいなかった雄鶏を牧師にもってきて、もう一度祈ってもらいました。そうして気分がよくなりました。あてずっぽう牧師もまた、大きな雄鶏にありつくことができました。いつも彼はこうやって説教していたので、たくさん食べることができました。

ある日、信者たちに聖書の読み方を教えました。信者たちは、「牧師さん、聖書の読み方をちょっと教えてください」と言いました。牧師は言いました。

「聖書を読むのは難しくありません。聖書を開いておいて、あてずっぽうで指をさしてみなさい。その指でさしたところを読んで祈ればいいのです。」

そう教えたので、ある信者があてずっぽうで聖書を読んだところ、「彼は自分で首を吊って死にました（マタイ27：5）」とありました。イエスがイスカリオテ・ユダのことを言っているのです[99]。しかし彼は、その前後に書いてあることを読みませんでした。

「彼は自分で首を吊って死にました。きっと私にも自分で首を吊って死になさいと言っているんだろう。」

そう考えて、聖書を読むのがいやになりました。

[98] 病気を治すため、あるいは厄払いなどのために、家畜をつぶして祈祷会を行うという習慣がラフにはある。

[99] この表現は正しくない。これはイエスの台詞ではなく地の文の表現であるから、その話者はイエスではなく福音書の著者である。

それでももう一回開いてみようと思って、「行って、あなたも同じようにしなさい（ルカ10：37）」とあるのを見つけました。そこでイエスは、善いサマリア人の話をしているのです[100]。しかしこの信者は、「あなたも行って首を吊って死になさい」と言っているのだろうと思い、聖書を読むのがいやになりました。

それでも、最後にもう一度開いてみようと思って、「しようとしていることを、今すぐ、しなさい（ヨハネ13：27）」とあるのを見つけました。イエスがイスカリオテ・ユダに言っている箇所です[101]。しかし彼もあてずっぽう牧師と同じで、聖書をきちんと読まなかったので、「あなたも今すぐ行って首を吊って死になさい」と言っているのだろうと思い、この信者はそのあと死ぬまで一度も聖書を読まなかったそうです。あてずっぽう牧師が間違ったことを教えたせいですよね。

（覚え書き）

多くの人は、神の教えを口にするとき、それで何かいろいろと利益を得ようという考えを混ぜながら教えます。私たちはそういう人間ではありません。神が教えさせてくださることだけを、神の前で、キリストにおいて、私たちが興味をもち、正しく教えるのです。あてずっぽう牧師のように、自分の力にするためにいろいろと悪知恵を働かせて教えるようなことをしてはいけません。きちんと予習をして、聖書を何度も読んで、きちんと祈りを捧げて説教を準備して教えるべきなのです。お祈りをせずに、きちんと準備も勉強もせずにあ

---

[100] ある旅人が追い剥ぎにあって半殺しにされたまま道ばたにうち捨てられていたのを、祭司もレビ人も知らんふりをして通り過ぎたが、そこを通りかかったサマリア人だけが介抱してあげたという話である。ここでイエスは律法学者に向かい、律法には隣人を愛せと書いてあるならば、あなたもそのようにしなさいと説いている。

[101] ここでイエスは、ユダにサタンが宿り、裏切ろうとしているのを見越した上で言っている。

てずっぽうで教えるというのは、聖霊が宿っていないので、説教をしたところで人はそんなものを聞きたくありません。伝染病にかかった動物の肉には値打ちがないように、虎に殺された動物の肉は誰も食べたがらないように、古いお茶、古いたばこと同じで説教も色あせてしまいます。私たちはそうならないようにしましょう。あなたのうちに聖霊が満たされますように（エフェソ5：18）。次に掲げる聖書もよく読んで力をつけてください。マタイ17：27[102]、Ⅱコリント6：3[103]、ローマ14：13[104]、Ⅱヨハネ1：8[105]。ほかの人のつまづきとならないようにしましょう。

「あなたがたは神に愛されている子供ですから、神に倣う者となりなさい。キリストがわたしたちを愛して、御自分を香りのよい供え物、つまり、いけにえとしてわたしたちのために捧げてくださったのです（エフェソ5：1－2）。」

[102] 「しかし、彼らをつまずかせないようにしよう。湖に行って釣りをしなさい。最初に釣れた魚を取って口を開けると、銀貨が一枚見つかるはずだ。それを取って、あなたと私の分として納めなさい。」これはイエスらがエルサレムで徴税吏から納税を催促され、不承知ではあるがやむなく支払うというくだりである。

[103] 「私たちはこの奉仕の務めが非難されないように、どんな事にも人に罪の機会を与えず」というのがこの引用箇所である。

[104] 「従って、もう互いに裁き合わないようにしよう。むしろ、つまずきとなるものや、妨げとなるものを、兄弟の前に置かないように決心しなさい。」

[105] 「気をつけて、私たちが努力して得たものを失うことなく、豊かな報いを受けるようにしなさい。」

コラム

片岡 樹

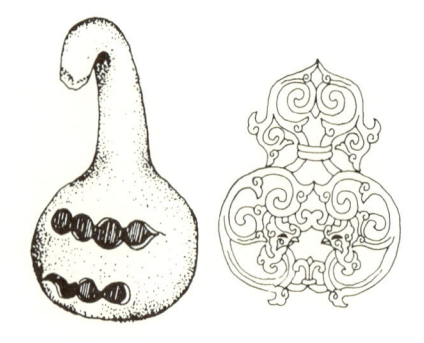

○天地創造について

ラフの神話では最高神はグシャであり、このグシャというのが万物の創造者だということになっている。ただし天地を創造するにあたってグシャはアド、アガ二柱の神にそれを行わせたものと説かれている [cf. 雲南拉祜族民間文学集成編委会編 1988, Angela Pun and Lewis 2002]。ひょうたんを植えてそこから人類を登場させたのもアド、アガである。『昔話集』の説明では、このあたりの事情が不明瞭になっている。アドアガとグシャが一緒くたにされており(本書ではグシャを神と訳している)、しかも天地創造の記述自体が非常に短く、ひょうたんを植えたのも人類をそこからとりだしたのもすべてグシャ(神)の行いになっている。これはおそらく、天地創造に複数の神が関与したのでは一神教原則から見て都合が悪いという判断にもとづくものであろう。もっとはっきり言えば、ラフの天地創造神話が旧約聖書の「創世記」と一致しないため、キリスト教徒にとってはその存在自体が都合が悪いのである。『昔話集』での天地創造のくだりがあまりにそっけないのは、キリスト教の牧師がラフの「異教的な」創造神話を推奨するわけにはいかないという立場を反映しているとみてよい。もっとも、キリスト教徒の村人たちは大したこだわりもなく昔の神話を話してくれる。「創世記」とラフ神話の二律背反という悩みはあくまで牧師に固有の問題であって、必ずしもキリスト教徒ラフ一般の問題ではない。

神に祈りをささげる祭司

正月にひょうたん笛で歳の神を迎える祭司。最も重要な楽器とされている。

梁につるされたひょうたん。右の小ぶりのものがひょうたん笛に加工される。

○ラフとひょうたん

　ひょうたんは必ずしもラフの主要作物というわけではないが、世界観の中では非常に重要な位置を占めている。『昔話集』ではふれられていないが、ひょうたんが湖に転がり落ちるくだりには前段がある［雲南拉祜族民間文学集成編委会編 1988: 24-25, 92-93］。天地創造を終えた神は干し草を集めて火をつけ、その火は七日七晩燃え続けた。火が消えると神は作物の種が入った箱の中からひょうたんの種を取りだして植えたというのがその前段である。一見してわかるようにこれは焼畑の起源を説く神話であり、その最初の作物がひょうたんで、しかもその中から最初の人類が出現したというわけである。いわばラフは「ひょうたんの子供」である。

　ひょうたんの用法として特筆すべきなのが笛である。これはひょうたんの実に竹の管を挿して作る。正月には長老たちが踊りの輪の中心でこの笛を吹く。正月の踊りの中で最も重要な楽器がひょうたん笛である。

　このひょうたん笛の起源についてもいくつかの神話が伝えられている。そのひとつは、ひょうたんから最初の人間チャティ(男)、ナティ(女)が生まれ、チャティは山からいちばんよい竹を切り出

まだ青い採ったばかりの大長ひょうたん（ラフの村で）

して管を作り、それをいちばんよいひょうたんに挿して笛を作り、ナティのために曲を吹いて聴かせたというものである［Ibid.: 43］。

　もうひとつは次のようなものである。かつてムメミメに住んでいるときに、ある老夫婦の子供たちが山に仕事に出かけていつまでも帰ってこないので、夫婦は呼びに行ったがいくら呼んでも返事がない。そこでひょうたんに竹を挿して笛を作って吹いてみると山々に響きわたり、子供たちもまたそれを聞きつけて帰ってきた［Ibid.: 135］。

　そのほかにも、次のような神話がある。かつてラフの祖先は山で動物や野菜をとって食べ、樹皮を身にまとっていたが、それを憐れんだ神が稲と綿の種を与えて農業を教えた。それが豊かに実ったのを喜んだ人々が、神に感謝する盛大な祭りを行おうと考えて神を呼びに行ったところ、神は眠りこけていて呼んでも返事をしない。そのため竹の管で笛を作って吹いたらようやく神が起きて祭に参加した。祭を三日間楽しんだ後で、ラフはひょうたんから生まれたのだから、竹をひょうたんに挿して笛にしたらもっとよいだろうということになり現在のひょうたん笛が生まれた［Ibid.: 135-136］。

コラム

○松とラフ文化

　この物語では松を家の建材として使うようになったと述べられているが、私は松を建材に使うという話は聞いたことがない。このくだりは異伝では別の説明が与えられている。『昔話集』と同じビルマのキリスト教徒による『49のラフの物語』［Angela Pun and Lewis 2002: 17］では、松はひょうたんの行方を知らないと答えたために神が怒り、「人間が出てきたらお前を切らせて松明にしてやる」と罵ったということになっている。中国で採録された創世神話［雲南拉祜族民間文学集成編委会編 1988: 30-31］では評価は逆である。そこでは、松はひょうたんが落ちていくのを見たがそれを拾わなかったと正直に答えたので、神が喜んで「お前は人間の友となり、松明で人間を照らせるようにしてやろう」と祝福したとある（どうやら神を喜ばせても怒らせても同じ結果になるようである）。こうした異伝に見られるように、松は建材ではなく松明や点火剤として用いられるのが一般的である。

　ラフの年中行事では、新年と農暦六月二十四日の火把節（ラフ語でアクトゥェ a kui tu ve と呼ばれる）で松が活躍する。新年では家の前や村の中心に松を立てて祝い、火把節では畑や村の中で松明を燃やす。ただしこれらは漢民族を含め、雲南の各民族にかなり幅広く見られる習慣であり、ラフに固有の文化とはいいがたい。

正月には松を立てて祝う。

切り出したバナナの木。豚の飼料にする。

◯バナナ

　ラフの畑の一角には、多くの場合バナナの木が数本植えられている。バナナの実を畑仕事の合間におやつ代わりに食べたり、日陰で子供を寝かせたりするが、それよりも重要なのは豚の餌にすることである。畑からの帰りにバナナの木を切り出し、それをそぎ切りにして大鍋で煮込んで豚の餌を作る。そのほか来客が集中する年中行事や祝宴では、バナナの葉でご飯を包み、あわせて食器代わりにする。

祝宴ではバナナの葉に包んだご飯でもてなす。

『滇省迤西迤南夷人図説』に描かれたラフ。

○竹とラフ文化

　ラフと竹とのつきあいは古い。18世紀に編纂されたと思われる『滇省迤西迤南夷人図説』には、「苦葱（ラフの他称の一つ）」は炭を焼き竹を割って生計を立てていたと記されている。そこには住居が定まらないとも書かれており農業への言及がないから、この人たちはもっぱら山中を放浪しつつ炭や竹を売って食料を得ていたのであろう。現在では焼畑民として知られるラフであるが、ラフと竹との関わりは農業より長いともいえるのである。

　竹の用途は様々である。ラフの生活の中では、ありとあらゆるものに竹が用いられる。まずは家である。ラフの家は木製の柱と梁、茅で葺く屋根のほかは全部竹でできているといってもよい。特に壁や床には、竹に切れ込みを入れて広げたパネルを使うから、ラフの家の外観は、まるで竹で編んだ巨大な虫かごのようになる。創世神話の説くところによれば、この虫かご型バンブーハウスはねずみ（竹ねずみか？）の巣をまねて作ったのだということになっている［Walker (ed.) 1995: 92］。

　ラフの村は尾根の上に位置している場合が多いため、水の確保は常に大問題である。今でこそ簡易式の水道が各戸に普及しつつ

竹でかごを作る。

あるが、それまでは近くの水場までいちいち水を汲みに行っていた。そこで使われたのが竹である。節を抜いた竹を水筒代わりに使う。この1メートルほどの水筒を、ラフの女たちは何本も担いで村と水場のあいだの山道を往復したのである。あるいは付近の水源から水を引いてきて、村の一角に共用の水場を作るという方法もよく用いられる。ここでも竹は登場する。何しろ水を引くための樋は、節を抜いた竹をつないで作るのである。

　竹は食器の材料にもなる。村に大人数の来客が集中する正月や結婚式などの前には、村の若者たちが竹を切り出してきて箸とコップを作る。竹の幹を切ってきてそれを5ミリ角ぐらいの棒に切り出せば箸になり、節ごとに輪切りして長さを調節すればコップになる。作りたての竹のコップで飲む酒は美味である。

　祭の日に来客が集中すると、料理を出してもてなそうにも客が家の中に入りきれなくなることが多い。そういうときには、屋外にベンチとテーブルを仮設する。これが全部竹である。切り出してきた竹を地面に突き刺して台を作り、その上に竹の幹を横に並べればパイプ椅子になる。また竹に切れ込みを入れて広げたものを台にかぶせればテーブルになる。

　言い忘れていたが、竹は食料としても重要である。たけのこの

竹の樋で水を引く。

竹製の膳に置かれたたけのこ料理

　季節になると村人たちはひんぱんに山にたけのこを掘りに行く。たけのこ以外にも、竹の木の中に入っている幼虫もまた山仕事の副産物として喜ばれる。これはラフ語ではヴァプム va peu meu つまり竹虫と呼ばれ、美味をもって知られる。

　これほど竹に密着した生活を送るためには、近くで竹が取れることがどうしても必要になる。うまくできたもので、竹というのは自然の植生が人為によって攪乱された跡地に生育する傾向が強いと言われている［広田, 中西 2007］。ようするに焼畑跡地の二次林は竹の生育環境として絶好なわけである。いわば人々は竹の利用を通じて、森との相互依存関係に結びつけられてきたのである。

　とはいえ、話は必ずしも簡単ではない。休耕期を挟んだ二次林の継続的利用は、「持続可能な資源利用」ともいえるが、これをくり返せばいずれは竹林ばかりになってしまい植生が破壊されるという指摘もある。焼畑と竹の利用が結びついた人々の生活文化は、森との調和的な共存を示すものなのか、それとも森林破壊の過渡期に咲いたあだ花なのかは、専門家のあいだでも評価が分かれる問題である（たとえば田中 2007 などを参照）。

民家の屋根越しに高く伸びる竹・竹・竹。
ラフの生活は竹と深く結びついている。

コラム

高床式の簡素な造りの神殿

○ラフの家屋

　ラフの家屋というのは実に簡素である。木製の柱と梁を組み立て、屋根を茅で葺き、壁と床には竹を切って広げたパネルをとりつける。極論すればこれだけである。材料さえ準備しておけば、村人総出で一日で組立を完了させてしまう。たいていの場合窓などないが、それでも家の中は案外明るい。竹のパネルで作った壁は隙間だらけで、あちこちから光が入るためである。もちろん隙間からは外が見える。だからラフの村にいると、窓のない家の中と外とで会話をしているという、ちょっと異様な場面にしばしば出くわすことになる。

　内装も簡素である。だいたい家の真ん中は広間になっていて囲炉裏がしつらえてある。そしてその端には竹のパネルでしきりを立てて寝室にする。そのほか宗教に応じて、家屋の端に祭壇用の空間を設ける場合や、あるいは広間の正面にやはり祭壇を設ける場合などがある。それ以外の内装といえば、食器用の棚をとりつけてあるぐらいである。

　今述べたような家屋の場合、炊事や食事もこの家の中で行う。この囲炉裏で炊事を行い、野菜や食器はベランダで洗う。そのために階段を上がってから家に入るまでの空間(ベランダ)をやや広

めにとってある場合が多い。囲炉裏端で食事をとり、食べ終わると床にこぼれたご飯は箒で掃いて床の下に落とす。竹のパネルで作った床は壁同様に隙間だらけなので、こういう芸当が可能になるのである。地面に落ちた飯粒は鶏が勝手に食べてくれる。

炊事は囲炉裏で行われる。

　もっとも、隙間だらけの家の長所は、冬場にはそのまま短所になる。山地の冬は予想外に寒い。冷たい風が四方八方から入ってくるので、家の中でも防寒着を着なければならないほどである。ならばどうするかというと、目張りである。新聞紙を貼って壁の隙間をふさいでしまう。ラフの家を訪ねると壁にむやみに古新聞が貼りつけてあるのを見る場合があるが、それはこの防寒対策のせいである。

　以上からは、ラフの人々は家屋にほとんど金をかけないということがわかる。材料は裏山で手に入るものばかりだから限りなくタダに近い。家財道具も鍋釜一式を除けばほとんどないか、あっても竹製の道具でいつでも使い捨てにできるたぐいのものである。家に投資をしないというこの感覚は、焼畑という生業とも深く関わっている。焼畑というのは大なり小なり移住を前提にしており、立派な家を建てても持ち運べるわけではないので無駄な投資になってしまう。持ち運べないほどの高級家財道具をそろえても同じことである。家は簡単に組立ができればよいのであり、家財道具はいつでも作れていつでも捨てられる竹細工が望ましい。貧弱な家屋にもそれなりの合理性はあるのである。

コラム

中国・雲南省瑞麗の盆地を貫流するイラワジ河の支流。(1996年11月30日、雲南省瑞麗市弄島郷にて、クリスチャン・ダニエルス氏撮影)

○洪水神話と人類の起源

　ラフの人類誕生の神話とよく似たものは、華南山地諸民族のあいだでかなり広く見出される。ラフの例を整理すれば、次のようになる。まずひょうたんが湖に落ちる。そのひょうたんから人類始祖の男女が生まれる。この男女はしかし結婚を拒む。神は二つの臼を重ね合わせるなどして性交を暗示してけしかけるがそれを二人は拒む(本書ではこのくだりのみが「17. こっそり食べる、こっそり見る、こっそり話す、こっそり聞く」に採録されている)。最後に二人の人類始祖は結婚するが、異常出産つまり奇形児が生まれてしまう。捨てられた奇形児を神が切り分けて諸民族の祖先とする。

　これは少し難しいことばでいえば、洪水神話や死体化生神話の類型に含まれるものである。洪水を生き延びた男女が神の説得により結婚し人類の始祖となったという神話は、ミャオ、ヤオ、イ、

ハニなどの諸族にも認められる［伊藤 1979, 曽 1991, 村上 1975］。洪水を生き延びる避難具が往々にしてひょうたんあるいは瓜科の植物である点、説得の方法によく用いられるのが二つの臼である点も共通する。ナシ族の神話では、男子一人だけが皮袋で洪水を生き延び天女を娶り各民族の祖先を産んだという具合に細部は異なっているが、大きくいえば同種の神話に属するといえる［黒澤 2006］。

　もうひとつの死体化生神話というのは、人や神が死んだ後から動植物が生じた（あるいは排泄物からそれらが生じた）というパターンの神話で、これは華南に限らず、たとえばインドネシアの根栽農耕圏などにも幅広く分布している。華南山地諸民族に特徴的なのは、異常出産により生まれた肉塊あるいは奇形児を切り分けて人類の祖先としたというモチーフが広く共有されている点にある。これはラフに限らず華南山地のミャオ、ヤオ、イなどの各族およびベトナム山地民のあいだでも認められる［伊藤 1979, 大林 1973］。なおラフの場合、この奇形児から作物が生じたとする異伝も記録されている［雷, 劉 1995: 86-87］。

　実をいうと、この洪水から死体化生に至るモチーフは、ラフにおいてはチャティ、ナティの誕生と結婚のほかにもう一度でてくる。ほかならぬチャヌチャペ伝説がそれで、神は巨人チャヌチャペを懲らしめようと洪水を起こし、殺されたチャヌチャペの死体からは蟻や蚊やイラクサなどが生まれたということになっている。このあたりは、複数の創世神話が重層的に創造ないし輸入された痕跡を示しているとも考えられる部分である。ちなみに20世紀初頭にビルマで記録された異伝では、この二度の洪水がひとつにまとめられている。そこではチャヌチャペの時代に神が洪水を起こし、チャティとナティがひょうたんに入って難を逃れ、後に子孫をもうけたと説明されている［Antisdel 1911］。

○人間と犬

　この人類創造神話にある、人間の祖先が犬の乳で養われたという物語が、現在でも「なぜ我々ラフは犬を食べないのか」という問いへの答になっている。このような問いが存在するのは、周りに犬を食べる民族がいるからである。その典型はアカ（中国ではハニ族の一部に分類される）であり、彼らは儀式など特別の機会に犬を屠殺して食べるという習慣をもつことで知られる。ラフとアカはしばしば隣接して住んでいるので、こうした微細な食習慣の差異にも人々は敏感になるわけである。

　なお余談だが、どういうわけかアカの人々は道ばたで犬に吠えつかれることが多い。ラフの村にアカの人が訪ねてきても例外なく村中の犬が吠えるのだが、村人たちはそれを見ては「ほらほら仲間の仇討ちだ」と言ってげらげら笑っている。とはいえ、これだけ近くに住んでいるとお互いの食習慣が多少はうつる。実際にラフのなかでもアカの影響で犬を食べる人もいるのであるから、神話上の禁止規定はあくまで建前である。すべての人が犬肉を忌み嫌っているわけではない。

　もう少し余談を続けよう。犬を食べると聞くとすぐに動物虐待だ云々とヒステリーを起こす人がいるが、別にアカの人々は動物虐待の精神をもって犬を食べるわけではない。まったく逆である。アカの世界観では、犬は人間の世界と神の世界をとりもつ半ば神聖な存在である。だからこそ、神の世界との交流が必要な儀式では、犬をいけにえにして使者にたてるのである［清水 2005］。

　アカの場合、犬が神の使者とされるいちばんの理由は、人間のために神の世界から穀物の種を盗み出してくれたのが犬だからである。同種の伝説は西南中国の諸民族に広く共有されており、文化人類学者の伊藤清司［1967］は、それをこの地域に特有の犬信仰の一形態と位置づけている。犬信仰の最も顕著な例として知

られるのはヤオ族の犬祖神話であり、皇帝の娘と犬との結婚で生まれたのがヤオ族の祖先となったと説明されている。
　ラフの話に戻せば、そこでは犬祖神話や犬による穀物盗みモチーフこそ見られないものの、やはり神話時代に祖先が犬から格別の恩恵を受けたとする点は同じである。結局のところ、神話を根拠に犬を食べるのであれ食べないのであれ、世界観における犬の特別な地位を表示しているという意味では同じなのである。ただ方法が異なるだけの話である。
　以上は神話上の建前である。最後にラフの村の日常生活における犬について簡単に補足しておこう。人々が犬を飼うのはまずもって番犬としてである。もちろん泥棒対策であるが、実は犬にはもっと大事な任務がある。人間には見えない悪霊の接近が犬には見えるというのである。番犬として飼われる犬には魔除けの意味も含まれている。
　そうは言っても、平素から犬が珍重されているかというとそうではない。犬が吠えれば石を投げつけるし悪さをすれば足で蹴る。もっと言うと、実際の日常生活の中では犬は非常に不潔な動物だともみなされている。私はラフの村に住み始めた当初、自分になついてきた犬には手を噛んでじゃれつかせたり、顔をなめさせたりしていたが、村人から「汚い!!」と叱られた。理由はほどなくしてわかった。村には便所のない家も多く、そういう家の人は近くの林で用を足す。それを始末するのが犬なのである。私も一度、野グソをしようとしたらお腹をすかせた犬たちに期待に満ちたまなざしで取り囲まれて閉口した経験がある。それ以来というもの、二度と犬に顔をなめさせぬよう心がけている次第である。

民国初年に出版された『古滇土人図志』に描かれたラフの女性。黒ラフと思われる。

○ラフの方言集団

　ラフの方言集団は大きく二つに分かれる。ラフナ語(黒ラフ)系統とラフシ(黄ラフ)系統である［Bradley 1979, Walker 1974］。ラフナ語系の方言には、ラフナのほか、ラフニ(赤ラフ)、ラフプ(白ラフ)、ラフシェレ等があり、ラフシ語系の方言にはラフシ・バラ、ラフシ・バキオ等がある。ラフナ語系とラフシ語系とでは、ほとんど会話が成立せぬほどに語彙や発音が異なっており、両者のあいだではもっぱらラフナ語が共通語となっている。

　ところでラフのことをタイ系言語ではムソーと呼ぶ。そのほかにクイという呼称もあり、これが民族学者をひどく混乱させてきた。ムソーとクイは同じ民族の別名なのかそれとも別の民族なのかという問題である。実は答は簡単で、ラフのうちラフシ語の話者を呼ぶときの他称がクイなのである。もちろん当事者たちはラフナ語系であれラフシ語系であれ自分たちをラフと称している。

　方言集団を色で区別するというのは、華南から東南アジアにかけてしばしばみられる特徴である。これは民族衣装の色を反映しているかとも思うが、常にそうだとは限らない。

　たしかに黒ラフ(ラフナ)の民族衣装は地色が黒い(その上に赤の刺繍とアップリケでアクセントをつける)。もっともこれは、

コラム

左ページと同じ『古滇土人図志』に描かれたラフの男性。左手には刀を握っている。

おそらく最近の現象である。布というのは昔はみな手製の藍染めだったので、本来は黒ではなく濃紺なのである。それが近年、町で出来合いの化繊の布が二束三文で手にはいるようになったので、ラフの民族衣装もまた一挙に真っ黒になっていったと考えた方がよさそうである。実際に濃紺の藍染め衣装は「本物」と呼ばれて値段がうんと高くなる。裏を返せば、人々にとって、黒はニセモノ衣装の色なのである。

　服装と方言集団名が最もかけ離れているのが黄ラフ（ラフシ）である。ラフシ・バラの民族衣装というのは黒地（これも昔は藍染めだったはず）に赤の刺繍で、基本的には黒ラフと同じである。ただし赤の刺繍の面積が大きいのが特徴で、一見すると赤っぽい色となる。黄色などはほとんど使われていない。ラフシ・バキオの場合は赤い布をあてて縁取りをするのでさらに赤っぽくなるが、やはり黄色は使わない。

　それにくらべると、赤ラフ（ラフニ）はたしかに赤い布を多用するから名前と民族衣装が近い。ただし実際に見ていると、赤と同じぐらい青や白の布も使う。むしろこういう鮮やかな原色のパッチワークが赤ラフの特徴である。原色のパッチワークが基本なので、場合によっては赤い布を使わなくてもよい。それでも赤ラフ

ラフの集落

なのである。

　赤ラフについては、1960-70年代にビルマで千年王国主義的な反乱を起こしていたため、冷戦時のステレオタイプで「反乱分子＝共産主義者＝アカ」という名前がついたのではないかという解釈もある。実際にタイ・ビルマ国境地域には「赤ワ（ワーデーン）」と呼ばれる人たちがいるが、これは赤い服のワ族という意味ではなく、ビルマのワ族ゲリラが旧ビルマ共産党軍に合流したせいでそう呼ばれているだけの話なのである。

　なおラフの方言集団の分化に際しては、千年王国運動がその契機となるという仮説がある。神の化身を名乗る予言者が登場すると、その人物を中心に新しい宗教共同体ができる。そのなかで独自の言語表現や衣装が発達し、最後には独自のサブグループになるという説である［Bradley 1979］。これは現実のすべてを説明できるわけではないが、方言集団区分が宗教運動の流派に沿って分けられる傾向があるのも事実である。たとえばラフニの予言者を崇拝する人たちはラフニ語を受け入れて同化し、キリスト教徒（ラフナが多い）はほかの方言の話者でもラフナ語に言語が切り替わっていくという現象などがその例である。

松葉の上に並べられた餅。ラフの祖先は餅の上に書かれた文字を餅ごと食べてしまったとされる。

○失われた本と失われた国

　この地域の少数民族のあいだで幅広く認められる伝承のひとつに、「なぜ我々は本(文字)をもっていないのか」を主題とする物語がある。それはたいていの場合、むかしは自分たちも文字をもっていたのだが、何らかの理由で紛失されてしまったという筋書きをたどる。これとあわせてよく語られるのが、「なぜ我々は国家(王)をもっていないのか」についての説明である。

　「何らかの理由」には、大きく分けてふたつある。ひとつは異民族の悪意にそれを帰するもので、もうひとつは祖先の失態に原因を求めるものである。

　たとえばラフが国を失った話をみてみると、そこにはこの二つの説明がともに使われていることがわかる。まずはじめにラフは、せっかく神から王となる印信を与えられたのに、シャンにだまされて印信を奪われ、王になれなくなってしまう。だましたシャンも悪いが、だまされるラフも愚かだ、という説明になる。北京南京の国を奪われたときも、漢人の口琴にだまされて武器を取りあげられ、戦に敗れてしまう。やはり同様に、だました漢人も悪いが、だまされたラフも愚かである。

　本をなくした話についても、ラフの場合は餅に書いてうっかり

キリスト教徒の家の内部。正面にイエスやマリアの描かれた画像が掲げられている。

食べてしまったことが原因とされている。そのため『昔話集』の著者は、祖先たちの思慮の浅さを再三にわたり嘆くはめになるのである。

　この地域の少数民族に見られるこうした神話モチーフは、ある意味では「我々ラフとはどんな民族か」をネガティブなかたちではあれ表現しているとみることもできる。ラフとは、シャンや漢人にだまされて国を失い山地をさまよう亡国の民である。ラフとはシャンや漢人のような独自の書き言葉をもたない無文字民族である。そういうかたちで、ラフとその外の世界との境界線を画しているわけである。この、何をもっているかではなく何をもっていないかを説明することで「我が民族」の特徴を表現するという方法を、人類学者タップは「否定的自己規定」と呼んでいる[Tapp 1989]。

　こうした独特な民族意識のあり方からは、さらに次のような特徴を見出すことができる。

　それは第一に、こうした説明は時として、自分たちが異民族とくらべて愚かだという前提を伴う。自分で自分をばかだと言っているのである。自分たちが世界一で異民族はすべて劣っているという考え方（いわゆる自民族中心主義）は世界中にあふれている

が、その逆は珍しい。異民族に抑圧され続けた歴史のせいで、劣等感そのものが民族意識の核として内面化されてしまっているわけである [cf. 西本 2000]。

　第二に、こうした説明は神話時代の祖先のミスに焦点を当てる。神は我々を愛してくれている。だから我々に国や本を与えてくれた。にもかかわらず、愚かな祖先はそれをことごとく失って神の愛を裏切ってしまった。だから我々は異民族に虐げられる羽目になってしまったのだよ、という説明になる。ならばどうするか。その回答のひとつが千年王国主義(神が今すぐ出現し世界は終わりを告げ、新たな世界が創造されるという思想)である。これはようするに、歴史をすべてリセットして、神との契約を一からやり直すんだ、という発想というか願望で、そのため19世紀以降のラフの歴史は予言者たちであふれている。キリスト教というのも、「失われた本がまもなく戻ってくる」という予言のさなかに宣教師が聖書を配りに来たので、予言がかなったということになって受け入れられたのである。

　ところで第三に、本をなくしたという説明は必ずしも否定的にとらえられるとは限らない。我々は神の教えをなくさないために餅に書いて食べたのだ、だからもはや我々は文字を必要としない、という説明も成り立つ。ラフは神の祝福をすでに体に取り込んでいるのである。そこからは、いちいち字を学んで本を勉強しないと神の教えがわからないような哀れな連中とは違うという自負ももたらされる。こうした文脈で言われる本というのは、我々がふだん考えるものとはだいぶ意味が違う。ここでの本とは読み書き手段ではなく、むしろ神に由来する呪物ないしカリスマなのである。ならば今みたような説明は、我々はすでに神のカリスマを手にしているのだ、という言明にも読めるわけである [片岡 1998]。

○餅

　ラフは正月に餅をついて食べる。使う道具は臼と竪杵である。月でうさぎが餅つきをする、あの情景を思い浮かべてもらえればよい。ついた餅を日本では手に水をつけてこねるが、ラフは水の代わりに胡麻の粉を使う。そのため大変香ばしい餅ができあがる。

餅つき。竪杵を使う。

　餅の食べ方については、つきたてをそのまま食べるか、囲炉裏端であぶって食べるか、ラードで揚げておかきにするかの三通りである。つまりお雑煮がない。私はラフの村で日本の正月について聞かれ、正月には我々は餅を煮て食べるのだと村人に説明したらびっくりされた経験がある。

　おかきの食べ方についても、ところ変われば品変わるで、やはり我々の感覚と少し違う。おかきに砂糖をふってお菓子代わりにするのは日本と似ているが、もうひとつユニークな食べ方がある。正月に豚をつぶすとバラ肉から大量のラードが取れる。バラ肉の脂身の多い部分を刻んで中華鍋に放り込み、長時間火にかけてラードをとれば、ついでにラードでカリカリに揚がったバラ肉や脂身もできあがる。このとき一緒に餅を刻んで入れ、できあがったおかきを豚バラのカリカリ揚げと一緒に皿に盛り、塩と粉唐辛子をかけて食べる。聞いただけで酒が飲みたくなるがそれもそのはずで、これは正月に来客と酒盛りをするときに必ず出てくる定番

正月まぢか。前庭で夜間の餅つきに精を出す。

料理なのである。
　正月（厳密には大晦日）には人々は家ごとに大量の餅をつく。自分の家で食べるだけではない。全戸の村人に配るためである。正月にはコリユダウェ hk'aw li yu da ve（漢語では拝年）と呼ばれるしきたりがある。これは餅を二個と豚肉一切れを各戸で配り合うという習慣である。50軒の家がある村ならば、合計百個の餅を配る計算になる。その代わり自分の家にも、50軒の家から百個の餅が届けられることになる。なお正月には来客が多いが、客が帰るときにおみやげをもたせる習慣がある。このおみやげも餅と豚肉である。また正月には村の中心に松の木を立てて踊る。この松の木にも餅を供えておく。そのほか正月中には、大きな餅を二つ作って家に飾るという、我々の鏡餅とよく似た習慣もある。ひとつは細長く、もうひとつは大きな円形に作り、男性性器と女性性器を表現する。村人はそれを豊作の祈願だと説明する。とにかく正月中はあらゆる場面で餅が使われるのである。
　なぜ正月には餅なのか。正月は神が降りてくる機会だと考えられているためである。「失われた本」の項目でも書いたが、ラフの神話では神が人々に教えを書いて与えたときに使われたのが餅である。そしてラフはその餅を食べたのである。いわば餅は、人々と神との契約の証なのである。

コラム

○ラフとシャン

　「4. 諸民族に印信を与えた話」は、なぜシャンが王の印信をもっていてラフはその下僕なのかを説明する物語である。これは雲南西南部の伝統的政治体系をほぼそのまま反映している。

　雲南西南非漢民族地域にかつて存在した政治秩序においては、山間盆地に割拠するシャン（タイ族とも呼ばれる）の王侯が、周辺山地に対する名目上の宗主権を主張し、中華帝国からは土司に任ぜられてその間接統治網の一環を構成していた（一部はさらにビルマ王朝にも服属していた）。中華帝国の皇帝からシャン王侯に対して発給されたのが土司の印信で、そうした大国ないし上級権力からの認知が、これら王侯の権威の正統性と統治権力の組織化を支えていたとも考えられている。

　このような背景を頭に入れると、ラフのこの神話が何を言いたいのかがだいたい見えてくる。王の資格とは上級者からの認知によって決まるのであり、その認知の証となるのが印信である。したがって印信を失った者は王たる資格をも失う。ここで人々が念頭に置いている王のモデルとは、ようするに中華帝国の間接統治下にあるシャン土司のありかたにほかならない。伝統的政治体系をそのまま反映しているといったのはそういう意味である。

　もうひとつの興味深い例は、鹿を追って新しい国を見つけたというモチーフである。『昔話集』ではこれは、「9. ラフが代々南に下ってきた話」に登場する。北京南京を滅ぼされて逃げ出したラフの男たちが、鹿を追いながらノシェノロの地に至り、そこに新たなラフの国を建てたというくだりがそれである。何の変哲もない神話に見えるが、実はこの、鹿を追って国を建てるというモチーフは、華南・東南アジアのタイ系諸民族の王権起源神話の典型なのである。やはりラフの神話が語る原初の王や国家というのは、後世のシャン王権との相互交渉のなかで形成されてきたもの

コラム

だと考えた方がすっきりする。

　ところで、ラフが南下して雲南省西南部に至りシャン土侯国の支配下に組み込まれたのは早くても元代以降だと考えられている。ならば、今みたような神話伝説もまた、それ以降に成立したのではないかという推測が成り立つ。シャン王権や土司制度の支配下に組み込まれてから、人々はようやく国家とか王とかといった観念を手に入れ、そこから「なぜ我々ラフは国や王をもっていないのか」という自問自答が始まったのであろう［cf. 片岡 2007b］。我々はつい、神話が描く世界というのは有史以前の「ちはやぶる神代」の話なのだろうと考えがちだが、往々にしてそこには比較的近年の政治情勢もまた書き込まれているのである。

　やや余談になるが、これと同じようなことは、焼畑や水田が登場する神話の場面(あちこちにでてくる)についてもいえる。古代のラフの祖先は狩猟採集のみを行っており、後世になって焼畑農耕や水稲耕作を始めたと仮定するならば(実際に現在の中国民族学ではそう考えられている)、それらのモチーフもまた相当に新しいと考える必要がでてくる。そう考えてくると、ラフの神話伝説のなかには、比較的近年につくられた(あるいは持ち込まれた)ものがかなり含まれていると考えざるを得ない。ラフに限らず中国南部や東南アジアには、日本の神話や昔話とそっくりなものがたくさんあるので、それはその民族が古代において日本人の同族だったことを示すのだろうという議論をよく見かけるが、現代に採取される神話が古代史の歴史資料として使えるかどうかはかなり慎重に考えた方がよいかもしれない。

ラフの踊り「ポエテウェ」

○踊り

　ここで踊りと訳したのはラフ語のカケウェ k'a hk'e ve である。ラフの踊りとしては、カケウェのほかにもうひとつポエテウェ paweh te ve というのがあり、通常はこの両者でひとつのセットになっている。両者をあわせ、カケ・ポエテウェともいう。

　カケウェというのは、主に長老男子が行う、ひょうたん笛と足のステップによる踊りである。ステップとはいっても、片足を大きくあげてゆらしたり、両足で飛び跳ねたりするものでかなり不規則であり、ある程度熟練していないと踊りこなすのは難しい。

　ポエテウェというのは、太鼓、銅鑼、シンバルを鳴らしながら、四拍子のステップで輪になって踊るというものである。これはかなり単純な踊りで、主に女性や若者が参加する。

　こうしたラフの踊りが演じられる最大の機会は、もちろん新年である。新年には村の中心に松の木(「歳の木」と呼ばれる)を立て、その周りで二重の輪になって踊る。内側の輪がカケウェで外側がポエテウェである。キリスト教徒の場合は日中に踊りが行われ、賞金をめぐって見栄えを競うなど娯楽の要素が強いが、非キリスト教徒の踊りは深夜に真っ暗な中で見栄えを度外視して行われることが多い。これは非キリスト教徒の場合、新年ごとに「歳

の木」に降臨する神を歓迎することが、踊りの本来の目的とされるからである。

　以上は正月の踊りについてであるが、非キリスト教徒の場合、新月と満月の晩にも定期的に踊りが奉納される。細部は方言集団ごとに異なり、神殿の庭で踊る場合もあれば、神殿の中で踊る、あるいは柵で囲った踊り専門の会場を用意してそこで踊る、などのバリエーションがみられる。満月の晩を山の頂の村で過ごせば、あちこちの山から踊りの音色が谷を越えて聞こえてくる。しんと静まり返った透き通った夜空の下で、打楽器のリズムが響きわたり、人々はかがり火を囲んで黙々と踊り続ける。そういう場に居合わせると、知らず知らず神々しい雰囲気に飲み込まれていくから不思議である。

正月には松を立てその周りで踊る。

◯北京南京

　ここで北京南京という漢字を当てた語は、原文では Peu Cin Nan Cin である。発音としてはプチン・ナンチンである（ラフ語では音節末の n が脱落する傾向が強いため実際にはプチ・ナチと発音されることも多い）。実をいうと、現在の中国民族学では、このプチン・ナンチンは北京南京ではないということになっている。古代におけるラフの原郷は四川省から青海省にかけての山地だと想定されているので、北京や南京にいたはずがないというのが根本的な理由である。ラフがかつてプチン・ナンチンに住んでいたというのが事実ならば、それは青海省から雲南に至るルートに位置しなければならないということになる。

　たとえば『拉祜族簡史』は、北京や南京には森林がないという理由でプチン・ナンチンが北京南京だとする想定を斥け、これは実際には青蔵高原の地名を意味するのだろうとしている［《拉祜族簡史》編写組編 1986: 4］。あるいはそれが、青海省の古い地名である北極と南極に比定される場合もある［cf. 暁根 1997: 31-32; 王、和 1999: 5-6］。

　しかしここでいくつかの疑問が生じる。まず第一に、そもそも神話上の地名をいちいち真に受ける必要があるのだろうか。もちろん神話上の地名がかつての故地を意味しているというケースは多いが、常にそうとは限らない。中には架空の地名も紛れ込んでいるかもしれないのである。第二に、プチン・ナンチンが青海省の寒村の名前だとしたら、この物語全体が意味不明なものとなってしまう。一読してすぐにわかるように、この物語は、ラフが中国全土の支配者で漢人たちの上に君臨していたのだと主張しているのである。しかもここでのプチン・ナンチンは、天下に号令する巨大な城壁都市として描かれている。ならば素直に北京南京と解しておくのが自然である。中華帝国の都を支配していたのは実

はラフだったのだと言いたいわけであるから、それを無理に青海省に求めたのでは話の辻褄が合わなくなってしまう。

　付言すれば、北京南京が陥落して人々が次に国を建てた場所は、ノシェノロの湖畔ということになっている。しかしよく考えてみれば、ノシェノロは最初にひょうたんから人類が生まれた場所ではなかったのか？　ならばそれを、北京南京の陥落後にようやく無住の地として発見するというのはいかにも辻褄が合わない。最初からずっとノシェノロにいたことにした方がすっきりするのである。こう考えてくると、北京南京の話が前後の文脈から浮いてしまっていることに気づく。ならばこれは、あとから無理に挿入したものかもしれない。

　神話が人々の歴史を反映するという考えは、大筋としては正しいであろう。しかしプチン・ナンチンという地名を、古代史の復元のための情報だと考えると話がおかしくなる。これはむしろ、清朝によるラフ山地の征服という事態を受けて、「本当は我々こそが中原の覇者だったのだ」という屈折した民族意識が形成されてきた経緯を示していると見た方がよい。つまりプチン・ナンチンというのは、古代史ではなくもっと後世の、ラフが「中国」に組み込まれて以降の権力関係を示す情報だと考えるべきなのではないのか。以上の理由から、ここでは中国民族学の定説をあえて無視して、プチン・ナンチンを北京南京と表記した次第である。

狩猟に使われる弩

○ラフの弩

　ラフは古くから、弩の使い手として知られていたようである。たとえば清朝中期の『滇省迤西迤南夷人図説』では、ラフの男たちが弩を使って大型動物の狩りを行っている様子が鮮やかに描かれている。銃が普及する以前は、この弩はもちろん武器としても使われていた。20世紀初頭に雲南、東南アジアを踏破したデーヴィス［1989: 476］はラフの特徴として弩をあげ、それが当時まださかんに使われていたことを記している。彼の記述によれば、ラフの弩というのは両足で弓を押さえつけないと矢をつがえることができないほどに頑丈で、矢には毒を塗って野牛や虎の狩猟に用いられていた。

清朝期の『順寧府志』に添えられたラフの図。弩を用いた狩猟の様子が描かれている。

村内で放し飼いされている犬

村で飼われている豚。宴席に豚肉料理は欠かせない。

雲南省内の中国とビルマの国境。(1996年12月1日、雲南省畹町にて、クリスチャン・ダニエルス氏撮影)

○ラフと漢人

　ラフにとっての漢人とは、言ってみれば愛憎半ばする隣人である。『昔話集』を読めばわかるように、ラフの遷徙伝説に登場する漢人は例外なく悪者である。漢人とは、ラフの国を数度にわたって滅ぼし、ラフが各国に離散しその少数民族となる原因をつくった卑劣で残忍な侵略者にほかならない。もっともだからといって、ラフと漢人とが互いに憎み合っているかというとそうではない。私がかつて3年を過ごしたタイ国のラフの村は、漢人村落と隣り合っており、相互に密接な関係をつくっている。ラフの村に住み着いている漢人もいるし、相互の通婚も多い。まるで人々は、過去の伝説に出てくる漢人と実際の漢人とを区別しているかのようである。またラフの一部には、次のような定型句もある。それは「我々ラフは漢人から知恵を学んだ」あるいは「漢人の大オリ、ラフの小オリ」といった表現である。ちなみにオリ aw li というのは慣習とか伝統を意味する言葉である。いずれにせよこれらの表現は、自分たちが漢人から文化やしきたりを学んだのだ、という自負が一部のラフのあいだにみられることを示している。

今述べたような意識は、特に清朝中期以降の雲南で、ラフのあいだに漢伝大乗仏教が広まったという事情をかなりの程度まで反映している。漢人僧の広めた大乗仏教は、宗教制度や政治制度の組織化をもたらしたのである。伝統や慣習を意味するオリという言葉自体が漢語の「礼」からの借用語(ラフ語は単音節の名詞にオという接頭語を付す場合が多い)だと考えられていることからもわかるように、現在のラフにみられる伝統的な宗教観念の多くは、この時期に漢人や大乗仏教の影響下に再編成されたものである。

　漢人の持ち込んだ大乗仏教が政治権力の組織化をも促したのであれば、その指導者というのも往々にして漢人であった。19世紀には雲南西南山地でラフが自立化・強大化し、自らの王(ジョモ jaw maw)を擁してシャン王侯や清朝政府との対立を強めていくのだが、そのジョモたちの少なからざる部分を占めるのが漢人僧やその子孫たちなのである［cf. 片岡 2007c］。

　そう考えるならば、ラフの国やラフの王が歴史のはじめから存在し、それが漢人によって滅ぼされたのだという単純な理解は修正を要することになる。事実はむしろ逆で、清朝中期以降にラフ山地に漢人の影響が及び始めてから、ラフの国やラフの王が急速に成長し始めたのである。しかも今みたように、ラフの王を称する者はしばしば漢人であった。そしてこれらの国や王が19世紀末に清朝によって滅ぼされてから、人々は自分たちの過去を一連の亡国譚として語り始めたのであろう。『昔話集』が語るラフの亡国物語は、清朝期から現代に至る複雑な歴史的過程の反映なのである。

水牛を使っての田おこしは男性の仕事のようだ。

○ラフの男女分業

　北京南京の陥落後に、ラフの男たちが城内に残った女たちを拝みたおして連れ出したという神話伝説のくだりは、現在に至るラフの男女関係を説明する根拠譚となっている。

　ラフの特徴としてしばしば指摘されるのは、男尊女卑の気風がほかの隣接民族にくらべて希薄だという点である［cf. Du 2002］。日常生活の場では、たしかに男女の役割分担が非常に少ない。朝起きてご飯を炊くのは、夫でも妻でもよい。どちらか先に起きた方が支度をする。年頃の娘が家にいればもちろんやらせるが、しかし朝食の準備は娘婿の仕事だともされている。日中に畑に出たり山仕事をしたりすると、先に家に帰ってきた者が夕食の支度をする。「男子厨房に入るべからず」式の感覚がまったくないのである。もちろん「男こそ厨房に立つべきだ」とヒステリックに眉を吊り上げる、フェミニズム特有の逆差別もない。ようするにそういう問題に人々は興味がないのである。だから女の人も平気で重労働をする。ラフのおばさんたちは、男たちと一緒に山に入り、ナタを振るい、切り出した薪やバナナの木を担いで帰ってくる。「重い荷物は男が持つべきだ」という日本の感覚には、おそらく女性へのいたわりと蔑視がともに含まれているが、そのどちらの感覚もラフの村人とは縁が薄い。

では男女の分業が皆無かというと、そうではない。極端な誇張は読者に誤解を与えるので、以下に男女の分業が見られる領域をあげておこう。まず男の仕事とされるものには、狩りがある。狩りはほぼ男の専業である。鉄鍛冶も男の仕事である。また田んぼでは、男が水牛を使って鋤を起こし、女が田植えをするという傾向が強いが、ただしこれはあくまで大まかな傾向である。いっぽう女の仕事とされるのは、典型的には機織りである。そのほか厨房内でも食器洗いはなぜか女の仕事になっている。洗濯や水汲みも女の仕事で、どうやら水を使う仕事は女の領域になっているようである。

　男尊女卑についても、まったく皆無というわけではない。世帯主や村長は男がなるものだという感覚はもちろんその例である。そのほか、川で水浴びをするときには、男が上流、女が下流で浴びる。その逆は「汚い」のだそうだ。これと似たような発想として、たとえば村で赤ん坊が生まれたときに胎盤や羊水を捨てると、その下流が「汚い」とされて人々が水浴びを嫌がるというのがある。あるいは、男性の頭の上に女物の巻きスカートを（洗濯などで）吊したりするのはきわめて品の悪いことだとされている。やはり「汚い」という言葉が、そこでは説明に使われる。こうして考えてくると、男は上流、女は下流という感覚の背景には、女性の出産機能にかかわる側面をケガレとみなす価値観が一貫していることがわかる。

　なおキリスト教徒の場合、教会の中で男女は同席しない。入口から壇に向かって右側が男性の席、通路を挟んで左側が女性の席である（それとは逆に、壇から見て右が男、左が女という場合もある）。理由は聖書の記述で、イブがアダムの左の肋骨から創造されたからだということらしい。こういう面に関しては、キリスト教の影響がむしろ男尊女卑の風を強めているともいえる。

狩りで捕らえた山猫を囲んで。

○兄の一族と妹の一族

　原語ではオウパヤ aw o hpa ya とオヌマヤ aw nu ma ya である。オウパは兄(特に義弟からみた妻の兄を呼ぶ場合に多く用いられる)、オヌマは妹でヤというのは子供である。この物語は一見すると単なるキョウダイ喧嘩だが、家族単位で見てみると、兄の一家と義弟(妹の嫁ぎ先)一家との不和だともいえる。実はこの関係が、ラフの親戚づきあいの中でいちばん難しいのである。

　ラフ社会においては、男子は自分の妻の兄に対して服従の義務を負う。もう少し正確にいえば、妻方の親族の年長男子に対する服従の義務である。たとえば結婚後三年間は妻の両親の家に住み、義父から使用人同然にこき使われるという習慣などがそれにあたる。この上下関係が妻の兄にまで適用されるわけである。もちろん義兄とは一緒に住むわけではないから家内奴隷のように扱われるわけではないが、しかし妻の兄に対して乱暴な口をきいたり口答えしたりすることはタブーとされている。また狩猟に際しては、獲物の特定部位をまず妻の兄に献じなければならないという決まりもある。私の親しいラフの飲み友達などは、たとえ無礼講の宴会であっても、妻の兄がいる場合は遠慮して同席を避けるほどである。常に助け合わねばならないが、しかし距離の取り方の難し

中国領内を流れるメコン川（瀾滄江）。険しい山間を流れ下る。（1996年12月5日、雲南省保山市にて、クリスチャン・ダニエルス氏撮影）

い関係。それが兄の一族と妹の一族なのである。ここに出てくる兄の一族と妹の一族の話を人々が語るときには、そういう感覚が前提として共有されている。

　ところでこの別離譚の挿入箇所であるが、ここではノシェノロの滅亡に関連づけて説明されている。しかし実をいうと、この物語の挿入箇所は異伝ごとにばらばらなのである。ムメミメ失陥のところに入れてもよいし、19世紀末の「ラフの国」の最終的滅亡でもよい。ラフは国を滅ぼされて同胞が離散したのだということさえ説明できればよいのである。

　挿入箇所がばらばらであるならば、南に去っていったとされるオヌマヤが誰を指すかについての解釈もばらばらである。この『昔話集』では、米国人宣教師やその助手たち（カレン族）などがオヌマヤだと説明されている。雲南やビルマ・シャン州からみれば、南方の下ビルマから北上してきた人たちだということになるから辻褄は合う。実際に1904年の集団改宗発生当時には、そうした解釈が行われていたのだろう［cf. 片岡 1998］。あるいは、この別離譚を、主にメコン川（瀾滄江）東岸を南下した黄ラフ（ラフシ）と西岸を南下した黒ラフ（ラフナ）との区分に適用する場合もある。ラフの方言集団の起源譚になるわけである。また、現在のビルマでは、タイ領に南下した同胞をオヌマヤと呼ぶ場合もある。

捕らえた山猫を解体する。

○ラフの狩猟文化

　日本から中国南部、台湾、東南アジア北部、さらにはインド、ヒマラヤ山麓にかけての山間部に点在する焼畑民においては、狩猟もまた生業の重要な要素となっていることがすでに指摘されている［佐々木 1971］。ラフについても例外ではない。

　ラフが昔から弩を使った狩猟に長じていたことは、清朝期の記録などでもふれられている。現在でもラフの男たちは、ひまさえあれば猟銃を担いで狩りに出かける。どこぞの森で猪の姿を見かけた云々という噂が入ってくると、たちまち人々は目の色を変えて狩りの準備にとりかかる。狩りは男の生き甲斐だ。人々の目は間違いなくそう語っている。

　焼畑というのは森に入り、木を切って畑にするのであるから、畑仕事自体が山仕事を兼ねている。そんなわけで焼畑に関連した習俗には、狩りのモチーフも相当に入り込んでいる。たとえば山の神。ラフにとっての山の神とは、畑作と狩猟の守り神である。

　そのなかでも特に興味深いのは、正月明けの山の神の儀式である。ラフのあいだでは、正月中は森に入ってはならないというしきたりがある。これを破ると、祟られて頭がおかしくなってしま

『古滇土人図志』に描かれたラフの狩人。左手には竹製の弓を右手には矢を持っている。

うのだそうだ。このタブーは正月明けを待って解禁される。正月明けの当日には、村の男たちが猟銃を担いで勢揃いし、村はずれの森に向かう。そこで山の神に一年の始まりを告げる祈りを捧げ、そして近くの木に的を作って、それを銃で撃つ。弾が当たるとみんなで「獲れたぞ！」と騒ぐ決まりになっている。それが終わると、人々は焚き火を起こし、村から持参した餅を焼いて食べる。このときには餅のことを「猪肉」と呼ばねばならない。すべて終わると、射撃の的に使った木の皮を剥がして持ち帰る。そうすると新年は豊作に恵まれるらしい。

　これが興味深いのは、日本にも全く同一といっていい儀式が伝わっているためである。これは南九州で「山の口開け」や「柴祭」と呼ばれているもので、やはり正月明けに村はずれの森で山の神を拝んだ後で狩りのまねごとをし、たき火を焚いて「シシ肉」と称する餅をあぶって食べる。狩りの的を持ち帰ると豊作になるというのも同じである。なおこの祭りについて、民俗学者の小野重朗［1970］は狩猟文化の古層を示すものではないかと推定しており、また文化人類学者の佐々木高明［1971］は、アジア照葉樹林帯に共通する狩猟・焼畑の文化複合の特徴を示すものとしてとらえている。

ラフのキリスト教徒はこうした山の神の儀式を行わないが、しかしその本来の意義は伝えられている。正月明けの初日には必ず狩りに出かけるというしきたりがあり、それをもって一年の山仕事が解禁されると考えられているのは同様である。いってみれば、ラフの一年は狩猟によって幕を開けるのである。

　ラフの狩猟文化としてもうひとつおもしろいのは、婚前交渉をめぐるしきたりである。大まかにいって、ラフのあいだでは婚前交渉の制限はかなり緩やかである。祭りの晩など、会場周辺はナンパ合戦といってもよい様相を呈するほどである。そして合意に達したカップルが、一組ずつ森の暗がりに消えていく。「森」というのがミソである。婚前交渉は半ばおおっぴらに許容されているが、ひとつだけ条件があって、村の中、家の中で未婚男女が同衾することはタブーとなっている。家の中で一緒に寝たければ、きちんと村の公認手続きを踏んで結婚式を挙げなければならない。

　なぜそうなるのかというと、村の中で未公認のカップルが同衾すると、山の神が怒ると考えられているためである。そして山の神の機嫌を損ねると、たとえば狩りに行って事故に遭うなどの不幸が村人の上にふりかかるわけである。カップルが森で寝るか家で寝るかなど当人たちの勝手だ、などと言うなかれ。ラフの村では、これは村人全体の命にかかわる大問題なのである。だから狩りでの事故が続くと、誰か村の中に不心得者がいるのではないか、という噂があっという間に広まるのである。こんなかたちでも、狩猟文化は今に至るまで村人の生活を規定し続けている。

狩猟をするラフ。『滇省迤西迤南夷人図説』から。

コラム

○ムメミメ

　ラフ語には独特の対句表現がある。数学風に言えば、(A＋B)×C＝AC＋BCという式に相当するようなやりかたである。これだけでは何だかわからないと思うので実例を示そう。たとえば、ボシ bon shin というのは功徳や祝福の意味であるが、これに慣習を意味するリ li という語を追加すると、ボリシリ bon li shin li という熟語となる。ボリシリとは宗教のことである。あるいはムミ mvuh mi という言葉は直訳すれば天地で一般には国をも意味する言葉であるが、これに「創造する」という意味のパ hpa をあわせると、ムパミパ mvuh hpa mi hpa すなわち天地創造となる。ムメミメというのも単語の構成としてはこれと同じで、ムミ＋メン Mehn（n は発音上脱落する）＝ムメミメである。さしずめ「メンの国」ということになるが、このメンというのはラフを意味すると考えられている（『昔話集』では別の説明になっている）。

　ではムメミメは実際の地名なのか、それとも架空の地名なのか。この問題について、現在の中国民族学ではムメミメを臨滄(旧称猛緬)に否定するのが一般的である［cf.《拉祜族簡史》編写組編 1986: 26］。臨滄というのは、現在の雲南省におけるラフ集住地域である瀾滄県、双江県の北に位置し、かつてはラフも多く居住していたというから符丁は合う。また臨滄の旧称である猛緬はかつてのシャン土侯国の名前で、猛(ムン)とは国を意味し、緬(ミエン)とはラフを意味するといわれており、ラフ語のムメミメと意味としては同じになる。この点については、中国民族学と全く

無縁にビルマで活動していた米国人宣教師も、ラフの神話上のムメミメとはシャン土侯国のムン・ミエンすなわち旧猛緬であるという結論に達しているので、ある程度は信用してよいように思われる［Antisdel 1911: 32］。

　もっとも、ビルマやタイに移住して数世代が経過すると、雲南側の地名に関する知識はどうしても雑になっていく。ある程度中国語や中国の地理を知っている人でも、ムメミメというのは今の双江あたりだろうと説明することがあるし、多くの人はもっと漠然と、雲南のどこかにかつて存在したラフの国なのだろうという理解で満足している。地名の考証というのは研究者にとっては重要であっても、人々の生活レベルではあまり大した問題ではないのである。そうなってくると、ムメミメという地名がもつニュアンスもまた、人々の昔語りの中では神話上の架空の地名と大差ないものになっていく。

　たとえばタイ側に住むあるラフの宗教者（非キリスト教徒）は、ムメミメというのはこの世とあの世が交わる場所だと説明する。ムメミメに行けば、生きた者も死者たちと隣り合って談笑することができるのだそうだ。この唐突な飛躍は、多少の説明を要する。ムメミメとはかつて祖先が暮らした国である。祖先とは死者であり、死者が暮らすのはあの世である。よってムメミメは死者の世界であり、ムメミメに行けばあの世の住人にも会える、そういう論理である。このようにムメミメというのは、過去（の栄華）や先人たちや故郷への雑多な愛着を吸収する語として、現在もラフの人々の心に描かれている理想郷なのである。

○アテフチュ

　『昔話集』の説明では、アテフチュがキリスト教宣教師の到来を予言したということになっている。ただしこの予言を行ったのはアシャフチュだと言われる場合もあり、この二つの名前はおおむね互換的に用いられている。アテ a te というのは父を意味する雲南漢語であり、フチュ fu cu というのは漢語の仏祖ないし仏主である。つまりこれは「父なる仏祖(仏主)」という敬称であり、カトリックが神父をファーザーと呼ぶようなものであるから厳密には固有名詞ではない。いっぽうでアシャ a sha というのは漢字表記すれば「阿三」であり、三男坊という意味をあらわす。

　とりあえずアテフチュとアシャフチュを同一人物として考えるとすると、アシャフチュというのは漢語の文献に阿三仏祖あるいは三仏祖の名で登場する。彼は19世紀後半に雲南で活躍したラフの予言者で、自ら仏の化身を称し、現在の西盟県を中心に独自の政教一致政体をつくりあげていたが、清朝の直接統治への圧力が強まりつつある1888年に世を去っている［cf. 雲南省西盟佤族自治県志編纂委員会編 1997: 395、王、和 1999: 198-199］。その際の遺言が、オヌマヤを南の国に呼びに行く、あるいは、間もなく白い人が白い馬にのり白い本をもってやって来る、等の予言であ

るとされている。19世紀末から現在に至るまで断続的に発生しているラフの千年王国主義運動は、この三仏祖による予言者運動の流れをくむ場合が多い。キリスト教徒は、彼の予言がキリスト教への集団改宗(1904)を準備したという解釈から、三仏祖には先駆的キリスト者ともいうべき評価を与えている。いっぽうで非キリスト教徒たちも、三仏祖を「オリ(宗教・慣習)の創造者」と称している。現在のラフの宗教は、その根本部分を三仏祖に負っているとの判断からである［片岡 2007a, 2007b］。

　ところで、アテフチュとアシャフチュが別人だとする説もある。別人説の場合、三仏祖(アシャフチュ)より半世紀早い19世紀前半に活躍した、王仏爺という予言者をアテフチュと呼んでいる。つまるところ、アテフチュとアシャフチュが同一人物か別人かは、「父なる仏祖(アテフチュ)」なる敬称を王仏爺と三仏祖のいずれに対して用いるかの立場の違いを反映しているわけである。『昔話集』の場合、すでに述べたようにアテフチュをアシャフチュつまり三仏祖の意味で用いている。アシャフチュについてはラフ語による詳しい伝記がある［Ba Thein Chang and Ya ko Perng 1996］。

キリスト教徒の家での祈祷会

○白い人

　アテフチュ(三仏祖)による、「白い人が白い馬にのり、白い本をもってやって来る」との予言は、「**11. ムメミメの話**」に見るように、ラフとキリスト教宣教師との邂逅を「予言の成就」と位置づけることになる。ではこの予言でいわれていた「白い人」というのはいわゆる白人を指すのか？　三仏祖は白人宗教者の到来を予言していたのか？

　実はこの問いには少々微妙な問題が含まれている。三仏祖が、白人キリスト教宣教師を念頭において上のような予言を行ったのかという問いへの答は、おそらくノーである。1888年に彼が没したとして、それ以前に白人(宣教師を含む)が西盟を訪ねて彼と接触したという記録はない。もっとも、1885年に英軍が上ビルマを攻略しているから、白人についての噂が西盟に届いていた可能性もある。とはいえ、「白い人」「白い馬」「白い本」という対句表現は、単にこの世ならざる存在を意味する言い回しにすぎないともいえる。たとえばこれは現在のキリスト教徒の用語法だが、聖霊を「白い霊 aw ha hpu」、神の子イエスを「白い子 ya hpu」と称している。こういう文脈での白というのは色彩語彙ではなく、

神聖性を意味する形容詞である。ならば上の予言は「神の使いが神の馬にのり、神の書をたずさえてやってくる」と解しておけばよいわけで、別に白人云々の話をしているのではないということになる［片岡 1998: 157-158］。

　この問いが微妙だというのは、では白人がアテフチュ以降の予言者運動にまったく無関係だったかというと、そうともいいきれない点にある。1904年に「予言が成就した」と歓喜して宣教師のもとにおしかけてきたラフの予言者たちは、「これまで14年間、予言を信じて真の神を求めてきました」と述べている。逆算すれば1890年ごろに予言者運動が始まったことになり、三仏祖本人の没年の２年後となる。この事実を素直に受け入れるならば、当初は無視されていた三仏祖の遺言が、その数年後から急速に予言者運動として発展し始めたと考える必要が生じる。この時間差は何なのか。

　実をいうと、1890年から1891年にかけては、英領ビルマと雲南との国境線を確定すべく、英国人の武装調査団が相次いで西盟あるいはその周辺のラフ山地を訪問しているのである。西盟を訪れた調査団は、三仏祖の後継者（やはり仏を称していた）と面会し英国への帰服を打診してさえいる。そしてその直後から、雲南ではラフの宗教反乱が続発し始めるのである。こう考えてくると、三仏祖の予言を奉じる千年王国主義は、白人が突如としてラフ山地に出没し始め、山地の国境画定問題をめぐって英国と清朝との緊張が日増しに高まり、その結果として「ラフの国」が存在の余地を失いつつあるという状況下で発生したものとみなすこともできる。そのとき歴史が動いた、のかもしれない。ならばそこには、どうしても白人の影がちらつくのである（この経緯については片岡 2007b: 51-54 でも詳述しておいた）。

○シャチャ伝説

　シャチャ Sha ca とは生きながらにして昇天したラフの神話的英雄であり、いつの日か人々を救うために地上に再臨すると考えられている。その典型的な伝説として、次のようなものがある。かつてシャチャという名の猟師がいた。彼には予言能力があり、また神と話をすることもできた。ある日、シャチャが家にいると神が訪れ、彼を天へと連れていった［Walker 1981: 679-681］。このように描かれるシャチャは、人間でありながら神の代理人であり、神の国に到達して神とともに暮らす存在である。そのため神とシャチャとの境界はしばしば曖昧となる。神の再臨を説く予言者運動や千年王国主義のなかでは、しばしばシャチャが神と同義で用いられる。同じ理由から、自ら神を称する予言者などもシャチャと呼ばれる場合がある。シャチャ・ポムシュというのもそうしたラフの予言者のひとりである。

印信

明代の「溪処甸長官司印」

印面は一辺6.8cm、溪処／甸長官／司印の7字が陽刻で彫り込まれている。

コラム

すべて手作業で編んでいく。

○かばんを編む

　ラフの人々が持ち歩くミチョとは、布を織って作った肩掛けかばんである。別名シャン・バッグとも言われるように、ラフに限らずこの地域の諸民族は多くがこのミチョを使っている。民族衣装は自作せずに行商人から買う人が多いが、ミチョについては自宅で主婦が織っている場面をよく見かける。

　おもしろいのは、衣装であれミチョであれ、それぞれ方言集団ごとにデザインが違うことである。ミチョは種を入れて畑仕事にもっていくこともできるし、聖書を入れて日曜日の晴れ着に合わせることもできる。町で働く人は本やファイルを入れて肩に担いでいる。何にでも使える便利なかばんであるから、町に出てきて洋服を着ているラフの人もよく使っているので識別に便利である。慣れてくればあの人はラフナ、あの人はラフニだと、ミチョをみるだけで判別できるようになる。

　現在のタイ国では、ミチョは観光客相手の手工芸品としても作られている。山地民グッズを扱う観光用の商店でも売られているし、フェア・トレードの商品として日本からもあちこちの村に支援が入っている。キリスト教会もまた、伝統文化の保存と村人の収入源確保のためにミチョの内職に力を入れている。

黒ラフの婦人と思われる。肩にミチョを掛けている。『古濱土人図志』から。

　どこの家でも主婦はたいていミチョを織れるから、これは手っ取り早い現金収入源ともなる。とはいえミチョ作りに忙殺されたらほかの仕事がおろそかになって結局は損得ゼロになりそうにも思うが、山地の生活というのはうまくできている。山の村ではたいていの家で豚を飼っており、その餌を作るには材料を何時間も大鍋でコトコトと煮詰めなければならない。火の番をするのはたいてい女性である。ようするにラフの主婦というのは、火の脇に無為に座っていなければならない時間が長いのである。この時間をミチョ作りにあてれば、畜産と内職の一石二鳥になるというわけである。

祝宴には欠かせない豚ミンチづくり

○結婚のしきたり

　ラフの伝統的な伴侶さがしは、いわゆる歌垣の方法で行われていたらしい。男女で恋歌のかけ合いをやるわけである（その模様はたとえば Telford 1937: 119-121 などに活写されている）。そして娘の側が青年の求愛を受け入れれば、そのしるしとして頭に巻くターバンを与える。両者が合意に達すると、男性側から女性側に使者を立てて正式な求婚交渉が始まる。

　以上は、人々の語る理念型である。ただし現在では、この歌垣の習慣は急速に衰退しつつある。ラフの恋愛文化はどんなものですかと正面から問えば、村人はたいてい上に書いたように答えてくれるが、実際には当人たちはそれとは別の方法で伴侶を見つけているのが普通である。歌垣というのは古語や雅語を用いた即興の詩歌であり、それを使いこなすには相当の熟練を要する。そしてその知識は、若年層にはほとんど継承されていない。年寄りたちの中には、この歌垣の知識を残している人たちがいて、お祭りの時などに美声を披露してくれたりもする。しかしこれは、いってみれば島倉千代子が今でも愛だの恋だのと歌っているようなものであるから、文化の保存としては意味があっても、現実の恋愛とはほとんど関係がなくなっている。

ラープと呼ばれる豚ミンチ肉の料理。右が生食する豚ミンチのタタキ。中央が加熱したもの。

　現在では結婚のしきたりといえば、もっぱら求婚交渉から先の過程が焦点になる。ラフ語で求婚交渉をヤミナウェ ya mi na ve という。直訳すれば、「娘に聞く」という意味である。恋人同士が結婚の口約束をかわせば、あとは男性側から代理人(本人が行ってはいけない)を女性側に派し、求婚の交渉を行う。女性側ではたいてい、親戚から村人までが総出で集まり、皆で好き勝手に意見を言い合う。本人に結婚の意志があることが確認され、新婦側の男性親族(父や兄)がそれを許し、さらに村人たちもまたそれを承認すれば、そこから先は披露宴の規模をめぐる交渉になる。
　ラフの慣習では、結婚式と披露宴は新婦方で行い、必要な経費は新婦方が負担する。その額の交渉をするわけだが、実質的には豚を何頭つぶすかの話をすることになる。新婦方としては、可愛い娘の晴れ舞台はうんと盛大に祝ってやりたいが、新郎方の本音としてはできるだけ値切りたい。しかしあまりケチるとかえって恥をかくから、そのへんの落としどころを両者でさぐりあうわけである。この金額交渉とあわせて、結婚後に新婚夫婦がどちらに住むのかについても交渉を行う。原則としては、新婚夫妻は新婦方に三年住むべきだとされている。新郎が一種の入り婿のようなかたちになって労働奉仕を行うのである。しかしこの義務は、三

年分の労働奉仕に相当する対価を支払うことで解除できる。ここをどうまとめるかも交渉次第である。

　すべてがまとまれば、新郎方が用意した豚を新婦方でつぶして結婚を祝う。豚をつぶした際には、首の部分を輪切りにし、それをさらに新婦方、新郎方の代表者で二等分する。これは新婚夫婦に今後問題が生じれば豚ののどがそれを告げて知らせるという言い伝えによるもので、要するに親族双方の代表者が新郎新婦への共同保証を行うのである。

　ところで、上に書いたように、求婚交渉には新郎自身は立ち会わない。ラフの村には、「お嬢さんを私にください」と見得を切るような、日本的な求婚の見せ場はないのである。これについては、少々おもしろい昔話がある。最後にそれを紹介しよう。

　むかしある若者が、恋人との結婚を望んで使者を送りヤミナウェを行った。求婚交渉の首尾がどうしても気になった若者は、こっそり交渉現場(恋人の家)の庭先に忍び込み、茂みにしゃがんで盗み聞きをしていた。途中で便意を催したので、そこで脱糞していると、それを犬(プ hpui)が食べに来て、ついでに若者の尻をなめた。びっくりして振り向いてみると、さらに驚くべきことに、その犬を虎(ラ la)が襲って噛みついていた。肝をつぶした若者は、あわてふためいて恋人の家に駆け込んで急を告げた。しかしあわてているから言葉が出ない。

　「あの……プラプラ(犬虎犬虎)！……プラプラ！」

　「何いってんだお前、何がプラプラだ！　それよりお前のアソコが全部見えているぞ！」

　正気に戻った若者が気づいてみると、彼は下半身真っ裸のまま求婚会場に駆け込んだのであった。そしてその縁談は、それきり破談になってしまったのだそうな。だから男子は自分の求婚に立ち会ってはいけないのだよ云々。

赤色野鶏。写真は2年前に捕獲し飼いならされた野鶏。繁殖用の野鶏を新たに捕らえる際、囮（おとり）として使う。（ビルマ・シャン州にて、新谷忠彦氏撮影）

○野鶏の狩り

　野鶏はラフ語ではヘガ heh g'a と呼ばれ、家禽としての鶏（単にガ g'a とのみ称す）と区別される。ラフが住む中国南部から東南アジア北部にかけての山間部では、民族の別を問わず野鶏の猟が広範に行われている。野鶏は比較的人家に近い森に住み、畑に出没して作物を食する場合も多い。その意味では野鶏の猟は食糧確保と害獣駆除を兼ねている。猟法にはいくつかあるが、そのひとつが『昔話集』に登場するおとり猟である。おとりの鶏を野鶏の出没する場所に放し、それを追い出そうとやってくる野鶏を罠で捕まえる、あるいは狙撃するという方法で、縄張りを守る野鶏の習性を利用した猟法である。そのほか、おとりを用いず笛を吹いて野鶏をおびき寄せるという方法も見られる。この地域の野鶏猟については秋道2005を参照。

豚脂がたっぷり浮いたごちそう

○おいしい料理とは何か

　どういう料理を贅沢と考えるかは民族によって違う。日本人にとってそれは、エビ、カニ、イクラ、数の子などかもしれないが、ラフの場合は文句なしに豚肉である。貧しい山地の人にとっては、肉を食べること自体が贅沢である。そのなかでも豚肉の地位がずば抜けて高い。正月や結婚式などの祝い事で客に振る舞われるのは必ず豚肉料理である。

　山地の食生活は想像以上に貧弱であり、人々はふだんは胡瓜の塩もみとか菜っ葉の塩ゆでとかで腹を満たしている。この傾向は、収穫期を間近に控えた夏場において特に著しい。かぼちゃの蔓のゆで汁をご飯にかけただけ、とかいう極限の粗食もまれではなくなる。この時期はいちばんの農繁期であり、本来ならばいちばん栄養をつけなければいけない時期なのだから理不尽といえば理不尽である。

　こんな生活が続けば、誰だって肉が恋しくなる。そういうときには野菜炒めをたまに作る。以前豚肉を買ったり豚をつぶしたりしたときの三枚肉からラードをとって大切に保管しておき、少しずつ使うのである。野菜炒めでもラードを使えば少しだけ贅沢気

分が味わえる。もちろん本格的な贅沢がしたければ、豚肉料理にしなければならない。そういう序列である。

簡単にいえば、人々の贅沢度というのは、脂っこさやケモノ臭の強さにだいたい比例しているのである。豚脂がたっぷり入って「これぞ四つ足の料理でございます」というニオイがぷんぷんしているようなのが究極の美食となる。こうなるとだんだん我々の感覚から遠ざかり始める。私もラフの村で宴会の準備を手伝い、大鍋の番を買って出たことがある。豚バラ肉を大量に放り込んだ鍋にはどんどん脂やアクが浮かんでくるので、さっそくそれをすくって捨てようとしたら村人に叱られた。いちばんおいしい部分を捨てるとは何ごとか、というのである。だからラフの村での宴会料理は脂ギトギトである。残った皿や鍋には、熱湯を何度かけても落ちないぐらいにラードがべっとりこびりついて固まっている。

こんな環境にいれば、少しでも贅沢のできる余裕のある人は豚肉の脂コッテリ料理を毎日食べまくることになるので例外なくデブになる。だからラフ語でデブはほめことばである。ラフの村を訪ねて「あんた太ったねえ」と言われても怒ってはいけない。相手は我々の生活環境に最大限の賛辞を送ってくれているのである。

これを書いていて、あることを思い出した。最近どこかで読んだコラムに、日本人は元来脂を嫌う民族であったが最近は脂っこさを美味と感じる傾向も生まれつつあると(慨嘆まじりに)書いてあった。たしかに最近話題になるラーメン屋には、どんぶりに豚脂が1センチぐらい浮いているのをこれでもかと見せびらかすような店が目立つ。今に我々も、ラフの贅沢にカルチャーショックを覚えなくなる日が来るのかもしれない。

憑きもの除けのためのサボテン

○ラフの憑きもの

　ここでの表現はネゲウェ ne geh ve である。ネは精霊ないし悪霊のことで、ゲウェはとり憑くという意味（直訳は「中に入る」）である。ラフのネは数多いが、ここでのネは以下での記述から、そのうちでも特にト taw と呼ばれるものであることがわかる。トは代々遺伝し、特定の人物に宿り、人肉（幼児、妊婦あるいは死者の肉）や家畜（特に鶏が多い）を食する存在である。日本式にいえばいわゆる憑きものであり、海外では一般に妖術と呼ばれるものである。

　ラフのトにはいくつかの特徴があるとされる。まずこれは、上に書いたように遺伝する。男の子にも女の子にも遺伝するほか、配偶者にも感染すると考えられている。またトというのは、宿り主の脇の下あたりに住み着いていると言われる。トをもっている者の特徴としては、目が赤くなるということがよく言われる。美人にはトが多いということも、根拠は不明ながらしばしばささやかれている。

　人々の説明によれば、トは深夜になると宿り主の体を抜け出し、獲物を求めてさまよい歩くらしい。村の中や村はずれの道ばたで通行人を襲ったり、他人の家の中に侵入して子供を食い殺したり、あるいは墓地を暴いて死体の肉を食べたり、である。トというのはあらゆるものに姿を変えることができるとされているが、いち

ばん多いのは猫(特に尻尾のない猫)である。猫のほかには、童子の姿とか、あるいは犬か猪か判別のつかぬ正体不明の黒い塊などが、トの目撃談の中でよく言及される。

　トが生きている人を襲う場合、たいていは一撃で相手を絶命させることができるといわれている。死者の首に噛み傷が青いあざになって残っているのが、トによる襲撃の証拠とされる。

　トに対する防御手段としては、次のようなものがある。まず犬を飼うこと。犬にはトが見えるといわれており、トの接近を吠えて知らせる。だから深夜に犬がむやみに吠えると、人々は、村の近所をトが徘徊しているのだなあと考えるわけである。ほかには、さぼてんや蜂の巣を鴨居に吊す、枕元に鎌を置く、などの方法があるが、これらはいずれもトゲや凶器でトを威嚇し、家に入ってこないようにするための魔除けである。トは特に幼児の肉を好むと言われているため、幼児のいる家でこうした魔除けを飾る場合が多い。

　トの正体が誰かをつきとめる方法のひとつが、襲われた際に逆襲して相手に傷を負わせることである。たとえば相手の腕に斬りつけた場合、翌朝になって腕に刀傷を負っている者がいれば、その人が犯人である。また、トを生きたまま捕獲し、朝の一番鶏が鳴くまで捕まえておくと、宿り主の体に戻れなくなって死んでしまうとも言われている。

　そのほか、トに対抗する手段としては呪文もまた重要である。呪文には、トに襲われないためのもの、トの正体をあぶりだすためのもの、トの動きを封じてしまうもの(呪文を吹きつけてトの体を固めてしまい射殺する由)などがあり、トに対する防御と攻撃を兼ねている(ラフの精霊特にトについては Telford 1937 が少々古いが代表的な文献である。なおキリスト教徒ラフの精霊概念については片岡 2003 または片岡 2007a, 2007b を参照)。

コラム

○ラフのことわざ

　ラフの文化を理解する上でいちばん大事なのは、ラフのことわざを知ることである。少なくとも私はそう考えている。本書で「ことわざ」と訳しておいたのは、ラフ語のチョモコ chaw maw hkaw である。これは直訳すれば「老人の言葉」あるいは「祖先の言葉」、つまり祖先から伝えられてきた古老の教え、というような意味である。そうであるから、このチョモコというのは日本語のことわざよりはやや意味が広い。単なる言い伝えや諧謔表現のようなものから、慣習法としての一種のコモン・ローのようなものまでをも含んでいる。一読してわかるように、本書もまた随所にことわざ（チョモコ）がちりばめられている。以下ではラフのチョモコをいくつか紹介することにしよう。

- おいしいのと眠いのはほかに代え難い。Ca meh zuh meh pa ma g'a.
  - これは読んで字の如しである。たいていは居眠りや昼寝の言い訳に使われる。
- 愛が多けりゃ怒りも多い。Ha da ve chi ma caw k'o beu da ve chi ma caw ve.
  - これもわかりやすい。日本語式にいえば、「可愛さ余って憎さ百倍」というやつである。
- 蟻塚に小便をかけるな。睾丸が腫れる。Pfuh fa di tzuh ta pi pfuh, nyi shi hpui hpo la.
  - これも蟻塚をミミズに置き換えれば、似たような言い伝えは日本にもある。
- つばめを殺すな、殺すと禿になる。Pi cu neh ta daw peh, daw peh k'o o k'o k'eh la ve.
  - これは理由はよくわからないが、なぜかそう伝えられている。
- 六年は他人の犬、他人の豚。Hkaw hk'aw shu hpui shu va.

－これは結婚のしきたりを述べたものである。新婚カップルは、最初の三年は新婦方の両親のもとで働き、次の三年は新郎方の両親のもとで働くのが望ましいとされている。六年間は家畜同然に働かねばならないことを自虐的に皮肉った表現である。
・オウィオニで結婚すると虎に噛まれる。Aw vi aw nyi heu da k'o la che la ve.
　　－オウィオニというのはキョウダイとも親戚とも訳せる言葉である。これは近親婚を戒める慣習上の規定について述べたものである。
・妻を娶らばまず試せ、馬を買うならまず乗って見ろ、銃を買うならまず撃って見ろ。Mi ca k'o aw law g'a law nyi ve, mvuh vui k'o aw law g'a chi nyi ve, na vui k'o aw law g'a baw nyi ve.
　－見てわかるようにこれは婚前交渉をかなり露骨な比喩で述べたもので、ようするに猥談である。実をいうとラフのチョモコには、この種の下ネタが非常に多いのだが、あまり下品になるといけないので、ほかはあえて割愛した。
・古いご飯を食べると腹をこわす、古い話を蒸し返すと喧嘩になる。Aw ka ku g'aw ca k'o g'o hpfuh la ve, taw pi ku g'aw k'ao k'o ya da la.
　－これも読んで字の如しである。これはたとえば、夫婦がお互いに相手の昔の恋人の話を蒸し返したりするのは無粋だよ、そんなのは夫婦別れのもとだよ、と忠告するときなどに使われる。
・すかしっ屁は臭い。Hk'eh tsuh k'o hk'eh nu.
　　－単純かつ下品な表現だが含蓄は深い。隠し事ほどすぐバレる、という意味である。
・きれいな木には蟻がいる。Suh k'u da k'o pi g'aw cheh ve.
　　－日本語の「きれいな花にはトゲがある」に相当する。ただし

これにはもうひとつの意味がある。美人には悪霊が憑いている、というニュアンスでも使われるのであり、その場合は憑きものの比喩となる。

- 今日は水が大きく、明日は石が大きい。Te nyi g'ui ui, te nyi ha ui.

  ―これはたとえば、今はあの人が強いかもしれないが、いずれ別の人が強くなるかもしれないというような状況を述べたものである。権力の栄枯盛衰は常ならぬものだという意味であり、虐げられ続けた民族ならではの突き放した無常観である。

- 雨の日には小屋を建てるな。Mvuh ye hta a paw hk'aw ta te.

  ―これも先のことわざとは別の意味で、弱小民族の冷めたリアリズムを表現している。雨の日に大工仕事なんかできない。人間が雨をやませることはできない。だから雨がやむまで待つしかない。要するに権力者には逆らうなという意味である。

ラフの住居

コラム

解説

片岡　樹

中国・雲南省西南部を流れるサルウィン河（怒江）。東岸の山間地にラフが多く居住する。（1996年11月11日、雲南省保山市にて、クリスチャン・ダニエルス氏撮影）

　この『昔話集』を一読した読者の皆さんは、きっといろいろと聞きたいことがでてきたのではないかと思います。ここにでてくるラフというのはどういう人たちなのか。この本はラフがキリスト教徒であることを前提に書かれているらしいが、それはどうしてなのか。どうしてキリスト教の牧師がラフの神話や昔話を書いているのか、そもそもラフ語の書物とはどういうものなのか。そうした質問のひとつひとつに、できるだけ以下の解説では答えていくことにしましょう。

1. ラフとはどんな人たちか

　ラフとはどんな人たちなのか？　ラフとは、チベット・ビルマ語族（彝語支）に属する言語を母語とし、中国雲南省を中心とする山地に主に居住する民族だ、というのが、その最小限の説明です。ラフというのは自称で、異民族からは中国語で猓黒または苦葱、シャン語やタイ語でムソーと呼ばれてきました。現在のラフの居住範囲は雲南西南部からビルマ、タイ（一部はラオス、ベトナム）に及びますが、その大多数はメコン川とサルウィン川の分水嶺をなす山脈に集中しています。中国でいえば雲南省の瀾滄県、双江県、孟連県、ビルマではサルウィン以東の東部シャン州、タイでは西北部ビルマ国境に近いチェンライ県、チェンマイ県、メーホンソーン県の

山焼きの光景

山地などがラフの集住地域です。各国ごとのラフの人口ですが、中国には約45万、ビルマには10万人強、タイにも約10万人が住んでいます。

今では一般に、ラフの伝統的生業は山地の焼畑耕作だといわれます。もっとも、これをどの程度一般化してよいかは少々むずかしい問題です。清朝中期(18世紀頃)の書物には、ラフは炭焼きや竹材の切り出しで生計を得ていたという記述や、ごく貧弱な焼畑のほかは主に狩猟採集生活に依存していたという記述、あるいは農業を営まずに掠奪によって食料を得ていたという記述などが見られます。ラフが本格的な焼畑民として知られるようになったのは、ひょっとするとごく近年のことなのかもしれません。その一方でラフの口承史をたどると、どうやら同じ18世紀半ばには、少なくとも一部で水稲耕作が開始されていたらしいという推定も可能になります。むずかしい問題だといったのはそういう意味です。なお現在の中国やタイでは、かなりの程度までラフの定住化が進み、一部では果樹園経営なども始められています。

2. ラフの移住史

ラフという民族の起源というか来歴については、現在中国民族学の分野で考証が進められています。その成果によれば、ラフは羌族の分派とされ、

火入れ後の斜面

　青海から四川にかけての山地を原郷としていたと推定されています。しかし秦による中国統一の動きのあおりを受けて南下を始め、遅くも戦国時代末期にはラフの祖先たちは雲南に入っていたようです。ここから分かれていったのが、ラフをはじめ彝語支に属する諸民族です。南詔国、大理国の時代にはラフもまたこれら強国の支配に服し、大理国が蒙古帝国の攻撃を受けて解体される頃から徐々に再び南下を始めたのではないかと考えられています。

　明清期になると、威遠(現景谷)、雲州(現雲県)、猛緬(現臨滄)などに住むラフが史書に登場し始め、清朝中期以降は猛猛(現双江)、孟連のほか西盟、車里(現景洪)、耿馬といった雲南西南部のビルマ国境に近い山岳地帯に住むラフへの言及が多くなってきます。これはだいたい今の中国におけるラフの集住地域と重なってきます。

　なお19世紀になると、ラフの東南アジアへの移住が記録に現れ始めます。その理由はさまざまで、たとえばチェンマイ王国(現タイ国北部)の雲南への軍事遠征により捕虜として連れて行かれたとか、あるいは雲南で清朝軍と衝突してビルマに逃亡したとかの記録が残されています。そのほかにも、新規開墾地を求めて南下していった人々もかなりの数にのぼると考えられます。さらに19世紀末には、雲南西南部のラフ山地は、すぐ後で述べるような理由から清朝軍の大規模な征服戦の舞台となり、かなりのラフがビルマ側に逃れています。20世紀になると国共内戦に続く中国共産党政権の成

薪と竹かご

立が、国民党側に与した人々のビルマへの逃亡をもたらしています。
　この南下移住の波は、遅くも19世紀末には現在のタイ領にまで及び始めます。ただしタイ領への移住が本格化するのは20世紀に入ってからで、特に同世紀後半には中国、ビルマの混乱を嫌っておびただしい人数がタイ側へと流入しています。

3.「ラフの国」「ラフの王」の興亡

　ここでひとつふれておかねばならないのは、「ラフの国」「ラフの王」についてです。現在でも人々がこの話題に非常なこだわりをもっていることは、『昔話集』のなかにもよくあらわれています。昔は自分たちも王をもっていたのだというのは、一見すると抑圧された民族の負け惜しみや妄想にも思えますが、そうとばかりはいいきれないようです。ここで王と訳したのはラフ語のジョモ jaw maw で、ラフの歴史をひもとくと、19世紀にはたしかにジョモを名乗る指導者たちが何人も活躍しているのです。
　雲南西南部に移住した後のラフは、そこで盆地を治めていたタイ系民族（本書ではシャンと呼んでいます）の小王国に服属するようになります。先ほど出た威遠、猛緬、猛猛、孟連、車里、耿馬などの地名は、いずれもかつてシャンのミニ盆地国家が栄えた地域です。『昔話集』の前半には、なぜシャンが平地の王となりラフがその下僕となったのかという説明が何度

仏教寺院（1996年11月30日、中国・雲南省瑞麗市にて、クリスチャン・ダニエルス氏撮影）

もでてきます。これは、そうした経緯を反映したものと考えることができます。

　しかし19世紀にはいると、雲南西南部の各地で、ラフがシャン王侯の支配を脱し始めます。これにはいくつかの理由が考えられます。そのひとつが仏教の伝来です。雲南西南ラフ地区には清朝中期に中国内地から漢人僧によって大乗仏教が伝えられたと考えられています。そして仏教の伝来に伴い、「仏の化身＝神の化身」を名乗る指導者が出現し、数十か村をまとめる政治統合が実現したのです。ラフ語では神に呼びかける語としてもジョモが用いられ、またこの当時の「仏」たちはフジョモ（仏ジョモ）と呼ばれているので、ようするに彼らは王とみなされていたことになります。こうした「仏」たちは各地に割拠し、その中心地は時代とともに移りましたが、これらをまとめて「五仏」と総称します。一種の祭政一致的な教団国家です。さらに19世紀後半には、宗教指導者以外にも若末あるいは太爺と呼ばれる支配者も複数出現しています。このうち若末というのはジョモの当て字で、太爺というのはジョモの漢語訳です。なおこの太爺を称していた人物は自ら王を名乗っていたとも伝えられています。

　これらラフの王たちは、1880年代に相次いで清朝に滅ぼされるか、その統治下に組み込まれていきます。その背景を知るには、当時の中緬辺疆地域をめぐる国際関係を理解しておく必要があります。ラフが名目上は服属するはずであったシャン盆地国家というのは、その多くが清朝に服属して

山門から見たジョンカム寺（五雲寺）の境内。（1996年12月2日、中国・雲南省洛西市にて、クリスチャン・ダニエス氏撮影）

土司としての任官を受け、あるいはビルマの朝貢国となっていました。両方に服属していたケースも珍しくありません。ところが1886年にビルマ王朝が滅亡し、ビルマ全土が英領となります。その結果はといえば、これらシャン諸国が英国と清朝との陣取り合戦の舞台となったわけです。そうした状況下で清朝当局は、シャン土司の宗主権を無視して半独立状態を謳歌するラフの王たちの存在を憂慮し、雲南国境地域の実効支配を強化すべく山地への征服戦を敢行したのです。それに伴い、ラフの仏教教団も徹底的な弾圧を受け解体されてしまいます。ここに至ってラフの人々は、清朝の支配下に暮らし続けるか、新天地を求めて山伝いにビルマに逃れるかの選択を迫られることになりました。19世紀末にビルマへの逃亡が多く見られたというのは、そのような事情を指しています。

4. キリスト教への改宗運動

　こうして考えてくれば、この当時のラフを見舞った危機というのは、単に戦に敗れたというレベルのものではなかったことがわかります。人々は国を失い、王を失い、そして教団国家の解体により神も仏も失ったのです。彼らが信じていたはずの神はこの窮状にあっても沈黙し、亡国状態のなかで同胞たちは各国に離散して異民族への屈従を強いられることになりまし

村の教会

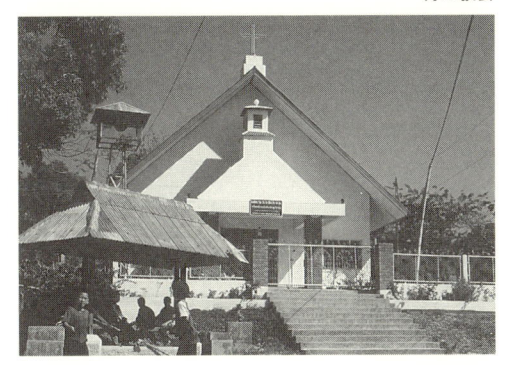

た。まさにラフの人々は、文字通りすべてを失おうとしていたのです。

　この危機の中から生まれたのが千年王国運動です。間もなく神が再び地上に現れ、世界は終末を迎える。そのときにこそ世界の不条理はすべて正されるのだ、という思想がそれにあたります。『昔話集』を読めばわかるように、ラフの神話では、はるか昔にラフがいろいろなものを失ってしまったことが再三にわたり説かれています。本を失った、地上の支配権を失った、国を失った、王を失った、同胞を失った、豊かさの種をもらいそびれた等々です。これらはおおかた、神代での先祖の失態に由来するものです。ラフの祖先は、せっかく神から与えてもらったものを不注意でなくしてしまい神を失望させる。そういう筋書きです。世界が終末を迎えて神の代に戻るということは、振り出しに戻ってすべてをやり直すチャンス、ラフが「もらうはずだったもの」を今度こそ自分のものにするチャンスでもあります。ですから「神の再臨が近づいた」という予言は、このかつて失ったものすべてを再び手にすることができる、という期待をもたらしてくれます。19世紀末から20世紀初頭にかけ、ラフの千年王国運動が急速な盛り上がりを見せたのは、まさにそうした理由を背景にしています。

　ところで、この予言がキリスト教への改宗に大きく関わってきます。それはなぜか。神の再臨という予言は1888年に三仏祖（アシャフチュ／アテフチュ）という指導者が西盟で没した際に遺言として告げられたといわれています。そこでは、神の再臨の予兆として、「白い人が白い馬に乗り、

解説

洗礼風景

白い本をもって出現する」といわれていたらしいのです。そうした期待が高まっていたところに白人の宣教師が聖書をもって現れました。1901年のビルマのケントゥンでのことです。「ついに白い人が現れた」「ついに真の神が出現する」との噂が広まり、1904年に最初の洗礼が行われます。その噂はまたたくまに国境を越えて雲南にまで及び、宣教師に会って洗礼を受けようという人々が各地から殺到しはじめたのです。

　ここで宣教師がもってきた本というのは、上に書いたようにもちろん聖書です。そのため今でも、聖書はラフ語でリプ li hpu、つまり「白い本」と呼ばれています。先祖たちが久しく渇望してやまなかった「失われた本」とは実は聖書のことだったのだ、という解釈が、それ以後キリスト教徒ラフのあいだで定着していきます。しかも宣教師たちは、ラフ布教に成功をおさめた直後からラフ語の研究を開始し、ラフ語のローマ字表記を考案して聖書のラフ語訳も行いました。こうなってくるといよいよ、「失われた本が回復された」という確信が強まってきます。そういうわけで今では、三仏祖の予言というのは、宣教師が来てラフ語の聖書をつくってくれることを予言したのだ、ということになっているわけです。

神学生たち

5. ラフ語ローマ字

　ラフ語の文字というのは、もともとは宣教師が聖書などを翻訳するために考案したものです。このことが、現在に至るまでラフ語の文字知識のあり方に影響を与えています。
　まず第一に、少なくともタイ、ビルマ両国に関する限り、このラフ語ローマ字はほぼキリスト教徒のあいだでのみ用いられています。ラフ語ローマ字は聖書を読むときに使い、賛美歌を歌うときに使います。つまりキリスト教徒にとっては、今や日曜礼拝に不可欠なものになっているのです。子供たちはラフ語の読み書きを日曜学校で教わります。正規の学校ではビルマ語やタイ語が教えられていますが、そのほかに教会で毎週日曜の朝にラフ語文字を教えているわけです。また牧師志望の若者たちのためには、ラフの神学校があります。ここでもラフ語ローマ字による聖書や教義解説書を使ってキリスト教神学を学ぶことができます。結局のところ、ラフ語の書物というのは大部分が教会関連のものだということになります。現在ではラフ語ローマ字のタイプやコンピューター用フォントもあり、教会関連団体の事務や牧師たちの連絡に活用されています。
　いっぽうで非キリスト教徒においては、ラフ語ローマ字の使用はほぼ皆無といっていいです。そもそも日曜学校や神学校で教わる文字ですから、信者以外の者には学ぶ機会がないし、ラフ語の書物が聖書やキリスト教の

家での祈祷会

教義解説書ばかりならば、わざわざ習ってまで読む必要もないのです。という具合に、ラフ語の識字力については、キリスト教徒とそれ以外とのあいだに極端な落差があります。もっとも、実をいえば、キリスト教徒の村でも一般の村人はそれほど読み書きに堪能なわけではありません。ほとんどの人にとっては、日曜に聖書を読んだり賛美歌を歌ったりするときの目安として、ローマ字の規則を大まかに知っておけば事足りるので、自分で正確に書けるという人は意外に少ないのが現状です。

　第二に、これは当然のことなのですが、ラフ語で本を書く人というのもキリスト教徒に限られてきます。先ほどふれたように、ラフ語の書物の大部分は教義解説書や教会史や教会規則などに関するものです。しかしそのなかには、少数ながらラフの歴史や文化伝統あるいは昔話について書かれたものも見られます。ここに訳出した『昔話集』というのも、そうしたジャンルに属する本の典型です。類書としてはたとえば、『ラフの物語 *La hu Ka pui Ka lao*』が1939年に、牧師アイ・プン Ai Pun と宣教師テルフォード James H. Telford によってビルマで編纂されていますから、このジャンルの書物はラフ語ローマ字の誕生以来の伝統をもっていることになります。なお『ラフの物語』は、その英訳版が『49のラフの物語 *49 Lahu Stories*』として2002年にタイ国バンコクで出版されています。そのほか現在も、自分たちの文化や歴史を本にまとめて次世代に継承しようというラフの知識人たちの試みは常に行われています。

キリスト教徒の結婚式

　これはどういうことかというと、ラフの文化についてラフ語で書く人がほぼ例外なくキリスト教徒だということを意味しています。しかもその書き手が、ラフ語ローマ字の読み書きに習熟していてタイプライターを使える立場にある人だとすれば、その大部分を牧師が占めることになるのは当然です。言い換えれば、ラフ語の書物にはキリスト教特有のバイアスがかかっている可能性が非常に高いのです。

　もうひとつ興味深い現象は、ラフの文化や歴史を熱心にラフ語で記録する人が例外なくキリスト教徒だという事実そのもののなかにあります。客観的にいえば、キリスト教徒というのは父祖以来の伝統を真っ先に捨てた人たちのはずです。少なくとも周囲の人たちからはそう見られています。しかしながら、今述べたように、『昔話集』のような書物をラフ語で書き残し、ラフの文化を継承しようとしている人たちもまたキリスト教徒なのです。このあたりはむずかしい問題で、たしかにキリスト教徒たちは、祖先祭祀や精霊祭祀などの伝統に対しては徹底して攻撃的なのです。土着の伝統のうち、ある部分については徹底的に排除し、「キリスト教信仰と矛盾しない」と思われる要素については、むしろ非キリスト教徒以上に熱心に擁護する。そういった姿勢を見て取ることができます。人々はキリスト教信仰というレンズによって伝統を取捨選択し、その上で、改宗を通じて手に入れたローマ字をもって自らの伝統に再び向き合うわけです。そうした試みのひとつの典型が、ここに訳出した『昔話集』だということができます。

ビルマ・シャン州の教会（新谷忠彦氏撮影）

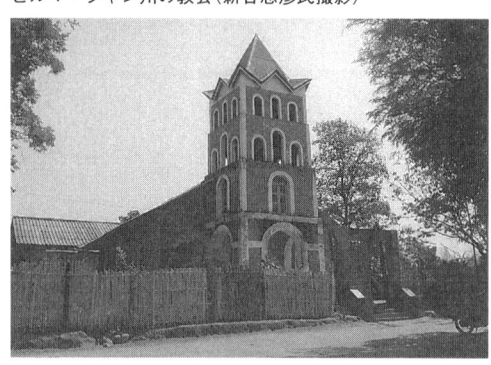

6. 『昔話集』について

　『昔話集』を一読すればわかるように、これは神話や昔話である一方で、礼拝での説教テキストをも兼ねています。翻訳の上でそのニュアンスをどこまで忠実に再現できたかは心もとないですが、原文の文体もまたいかにも説教調です。事実関係が淡々と記されているのは文章語の特徴で、そこにときどき混じる「そうですよね」「あなたたちはそうしてはいけませんよ」等の表現は典型的な口語です。ようするに「半ば文語、半ば口語」の文体で、さしずめ教師が授業で語りかける口調とだいたい同じなわけです。私はこれを訳しながら、ラフの村で過ごしていたときに参加した礼拝の様子を懐かしく思い出したものです。

　『昔話集』は、その構成も教会の説教スタイルに準じています。聖書の引用箇所がまず明示され、次に日常の題材からとったたとえ話が語られ、最後にそれを聖書とつきあわせて教訓を引き出し、結論にするという構成です。ただし『昔話集』の特徴は、たとえ話の部分にラフの神話や昔話が用いられている点にあります。こうしたスタイルからは、キリスト教とラフの口承伝統を融合させようという、チャレ牧師の問題意識をうかがい知ることができるでしょう。

　ではその試みはどこまで成功しているのか。これは読む人にとって評価が分かれる問題です。ここではあくまで私個人の私見を書いておきます。

説教風景

　『昔話集』の特に前半を読んで感じるのは、神のあり方についての落差です。本文に登場する神というのは、万物の創造者でありながら、ひょうたんをなくして右往左往し、動物たちにだまされては腹を立て、巨人チャヌチャペのとんちに翻弄されて切歯扼腕する存在です。それがまた読んでいて何ともほほえましいのですが、しかし「覚え書き」の紋切り型の説教に出てくる絶対者のイメージとはかなり落差がある。ここで神と訳したラフ語はグシャ G'ui sha で、ラフの世界観にもともと万物創造の至高神としてグシャというものが存在したため、改宗後はこのグシャという言葉がそのままキリスト教に取り入れられたという経緯があります。もう少し正確にいえば、宣教師がキリスト教の神の教えを説きにやってきたところ、至高神グシャの再臨を求めていたラフの人々が「これこそ予言でいわれていたグシャに違いない」と理解したために改宗運動が発生しているのです。
　そう考えてくると、至高神を求める運動はラフ社会に以前から存在していて、その延長上にキリスト教の神が比較的すんなりと受け入れられた、ということになるのですが、しかし『昔話集』の本文と「覚え書き」を読み比べてみると、依然として両者（土着宗教とキリスト教）の神観念にはズレが残されているようにも感じられます。
　本文に「覚え書き」を対置するというスタイルには、ラフの昔話に聖書のお墨つきを与えるという意味もあります。ラフの古老たちははるか昔から聖書の精神を先取りしていたのだ、というわけです。しかしこの対置に

巨人チャヌチャペが掘ったとされるサルウィン河。(1996年12月5日、中国・雲南省保山市にて、クリスチャン・ダニエルス氏撮影)

は首を傾げたくなる部分、こじつけではないかと思いたくなる部分もみられます。いちいち指摘すると長くなるので省きますが、ようするに聖書の一節を本来の文脈から引き離して強引に移植した結果として、「ものごとはよく考えましょう」というたぐいの、まことに凡庸な教訓しか残らなくなってしまうケースが目立つのです。ラフの昔話と聖書という、まるでかけはなれた物語のあいだに無理に公約数をとろうとする結果としてそうなってしまっているように見受けられるのです。

　一般の村人は、『昔話集』とほぼ同じ内容の昔話をよく話してくれますが、いちいち聖書を引用して教訓を引き出そうとはしません。巨人チャヌチャペは神に背いた存在で、キリスト教の立場から見れば絶対悪の親玉なのですが、しかし『昔話集』でもふれられているように、人々は大したためらいもなく「セミが鳴くとチャヌチャペが恋しくなる」と口にするのです。昔話をどうにかして聖書の一字一句と対応させなければならないというのは、むしろ牧師に固有の悩みだと考えた方がよいでしょう。普通の村人はもう少しおおらかです。

　昔話の伝統をキリスト教と融合させて新しい「キリスト教説話」のジャンルをつくるという『昔話集』の試みは、では失敗しているのか？　必ずしもそうとは思いません。私が読んでいちばんおもしろかったのは、最後の「あてずっぽう牧師」の物語です。キリスト教の礼拝場面を舞台としながらも、落語を思わせるようなユーモラスな失敗談が小気味よいテンポで

村人総出で屋根を葺く

　展開されているところは、みごとにラフの昔話の伝統を受け継いでいます。しかもひとつひとつのエピソードがたしかな聖書の知識に裏打ちされているので、聖書を片手にこの物語を読めばさらに抱腹絶倒なのです。ここにはラフ版「キリスト教説話」の誕生をたしかに認めることができるでしょう。

　なおこの『昔話集』は、ここでずっと述べてきたように、キリスト教の牧師の視点からラフの神話や昔話を切り取ったものです。そのため、ほかにも読んでおもしろい昔話がまだまだたくさん残されています。関心のある方のために、(どちらも外国語ですが)二冊ほど類書を紹介しておきます。一冊は上でも紹介した『49のラフの物語』で、先に述べたように1930年代にビルマで採録されたキリスト教徒ラフの神話や昔話を英訳したものです。ですから趣旨としては『昔話集』と同じなのですが、採録する物語やキリスト教との辻褄の合わせ方が少しずつ違っていて興味深いです。

　もう一冊は中国で出版された『拉祜族民間文学集成』です。『昔話集』などのキリスト教徒版では、創世神話が大幅にカットされたり聖書にあわせて書き換えられたりしていますが、この中国語版には壮大な天地創造の叙事詩がそのまま載せられています。ただしこちらはこちらで、中国共産党政権という別の方向からのバイアスが入っています。『昔話集』と読み比べてみることで、お互いのバイアスを検証できることでしょう。

村の光景

村の暮らし

　私はかつて、1999年4月から2002年3月までの3年間を、タイ国内のラフの村で過ごしました。当時私は、大学院の博士課程で文化人類学を勉強していました。文化人類学の特徴というのはフィールドワークを重視することで、一定期間その土地の人々と生活をともにしながら、土地に息づく文化を内側から理解することを目標にしています。ラフの村を訪ねたのもそのためでした。ここに訳出した『昔話集』と初めて出会ったのも、山地のラフの村でのことです。『昔話集』はビルマで書かれた本なのですが、タイとビルマのあいだは人の往来がかなり頻繁で、山地では特にその傾向が強いのです。タイ国内で出回っているラフ語の書物や音楽テープなどは、たいていビルマで作られたものです。それがコピーを重ねてあちこちの村に広まっています。ではラフの人々は、国境をまたいで点在する山地の村でどんな生活をしているのか。以下ではそれを簡単に解説することにしましょう。

田植え

1. 言葉を学ぶ

　私は村に住み始めるに先だって、まずはラフ語の勉強に取り組みました。それ以前にも山地の村を短期で訪問したことはあったのですが、ラフ語がわからないことにはどうにもならないことを身をもって痛感していました。タイ国内ならタイ語でいいじゃないか、と言われそうです。私もそう考えてタイ語を勉強しておいたのですが、村にはタイ語を話せる人が少ないのです。もちろん学校を出た人や町で働いた経験のある人は話せるのですが、でも村人どうしの会話はほとんど全部ラフ語です。これでは人々が何をしゃべっているのか全然わかりません。
　そんなわけで私は、山地に入る前の一年間を、タイ北部の大都市チェンマイでのラフ語学習にあてることにしました。先生はすぐに見つかりました。チェンマイ郊外にラフのキリスト教会が運営する神学校があり、そこにはラフ語ローマ字の読み書きができる牧師さんがいます。私はそこに毎日通い、牧師さんの空き時間にラフ語を個人教授してもらうことにしました。
　ラフ語とはどういう言語か。その特徴をわかりやすく言えば、日本語と語順がだいたい同じです。動詞が目的語の後に来るので、たとえば「ご飯を食べる」という一文ならば、中国語や英語のように「食べる＋ご飯」ではなく「ご飯＋食べる」と言えばよいのです。これは我々日本人にとって

水牛による代掻き

　非常にありがたい。もうひとつありがたいのは、ラフ語が開音節の言語だということです。これはようするに、音節がすべて母音で終わるという意味で、こういうところも日本語とよく似ています。
　そんなに習いやすいなら、私もあっという間にラフ語の達人になりそうなものですが、実をいえばけっこう苦労しました（今でもしています）。ラフ語には日本語とよく似た特徴も多いですが、違いもまた多いのです。たとえば有気音と無気音の違いがあったり声調があったりするのは、タイ語や中国語と似ています。それからいくつか、日本人にとっては発音の難しい子音があります。たとえば「ガ」という音は日本語ではひとつだけですが、ラフ語には3種類の「ガ」があります。これにさらに声調の違いが加わります。ラフ語には5声調あるという人と7声調あるという人がいますが、ともかく中国語の四声より多いと言えば、その難しさがおわかりでしょう。
　それでもやはり、チベット・ビルマ語系の言語のなかでは、ラフ語は簡単な言語として知られているようです。たとえば同じチベット・ビルマ語系の言葉を話すアカやリスといった民族の人たちには、ラフ語を話せる人が多いです。この人たちが異口同音に言うのが、ラフ語は簡単だから、という説明です。山地には中国人も多いのですが、この人たちも商売の都合で多くがラフ語を話せます。ラフ語は山地のリンガ・フランカ（共通語）だとも言われていて、たしかに山地で知らない人に会っても、とりあえずラ

解説

ケシの苗（新谷忠彦氏撮影）

フ語で聞けばどうにかなります。私は日本に帰ってから、何人かの人にラフ語を教えたことがあります。そのときにはラフ語を学ぶメリットとして、山地ではラフ語さえわかればほかの民族とも話ができるのだよと宣伝することにしています。

2. 山地の生業

　ラフの村というのは、タイ北部からビルマを経て中国にまで連なる山地に点在しています。一般によく言われるのは、ラフは標高千メートル以上の高地を好むという話です。これは、かつてさかんに栽培されていたケシが、ある程度寒い場所でないとうまく育たないからだと説明されます。ここ数十年ほどは、アヘンの材料となるケシの栽培をやめさせるよう各国政府が働きかけてきており、そのため全体としてはケシの栽培量はずいぶん減ったようです。それとあわせ、政府が平地への移住を奨励する場合もあり、今ではかなり標高の低い場所にもラフの村が見られるようになっています。
　『昔話集』が語る説明によれば、かつて神話時代にラフは山地を、シャンは平地を選んだということになっています。せっかく神がラフに平地を与えようとしたのに、ラフは深く考えずに火と鹿を選んだばかりに、山地

急斜面を耕す

で貧乏暮らしをする羽目になってしまったのだよ、と話は続くわけです。こういう話を聞くと、ラフの人たちはほんとうは平地に住みたかったのかな、とも思います。もっともこのあたりは、いちがいには言えない部分でもあります。私が3年を過ごしたラフの村というのは標高1200メートルの高さにあり、冬はかなり冷え込みます。そういう場所に住んでいるので、村人たちはたまに用事で平地におりると、必ず暑い暑いと文句を言います。村人たちが囲炉裏端で目を輝かせて話してくれる話題の筆頭はいつでも、山で猟をしたときの話と相場は決まっています。そう考えると、人々は山での暮らしに心から愛着をもっているようでもあります。

　山地の村で人々が主に従事しているのは、焼畑農業です。これは山の斜面の木を切って焼いて畑にするというものです。山焼きの除草効果に頼って行う農業なので、肥料をやらないことが特徴です。もちろんこのやりかただと、何年も使っているうちに地力が衰えてきます。雑草ばかり茂って作物が実らなくなると、その区画は放棄して森に戻してしまいます。そして新たに別の区画に火を入れるわけです。

　焼畑で植える作物はさまざまです。主食のおかぼのほか、豆類、里芋、きゅうり、かぼちゃ、とうもろこしなどです。これらはすべて、夏から秋にかけて実る作物です。冬場に畑を遊ばせておくのももったいないので、その場合には裏作としてケシを植えたりもします。これは先に述べたようにアヘンの原料になりますので、最近は政府の取り締まりが厳しいですが、

掘り棒を使った種まき

それでも一部ではまだ栽培されています。
　山の斜面での種蒔きには二つの方法があります。ひとつは掘り棒で穴をあけながら、そこに種を蒔いていくというもの。この場合、一列に穴をあけていくので、畑の外観はたいへん整然としたものになります。もうひとつのやり方は、さまざまな作物の種を一緒くたに混ぜて畑にばらまくというものです。作物が育つと、たとえばおかぼととうもろこしが雑然と混じっているその下を、かぼちゃや豆類の蔓がはいまわっているというような、すさまじい外観になります。一見するとただの草むらにしか見えませんし、収穫作業も大変手間がかかります。こんなむちゃくちゃな植え方にも理由はあります。これだと伝染病が蔓延しにくいのです。もうひとつの理由は、作物のどれかが不作でも、ほかの作物は実ってくれる。効率は悪いですが、畑一枚分の作物が全滅する心配はありません。
　焼畑と並んで重要なのは水田です。村の全世帯が水田をもっているわけではありませんが、村人たちは機会さえあれば水田をもとうとします。たいていは山あいの小川の脇を水田にしますが、それを取り巻く山の斜面も同時に水田のもち主の所有になるというのが慣例になっています。この場合、主食の米は水田で確保した上で、野菜や換金作物は周囲の斜面を順繰りに焼きながら植えていくことになります。
　ところで山を焼くといっても、山の斜面というのはほとんどが国有林です。そもそも焼畑に使う土地については、所有権という考えが希薄です。

陸稲・里芋・果樹の混作

　「ここは誰某の畑だ」という言い方はあるのですが、それはその斜面を畑として使っているあいだにだけ設定される、一時的な使用権にすぎません。そんなわけで山地の畑には、もともと個人の永代所有権のようなものはなかったのです。しかしこれを今の法律の言葉でいえば、国有林を勝手に焼いているということになってしまいます。ですからタイ政府は、1990年代より国有林の伐採を禁止していますが、これはようするに焼畑をやめろと言っているに等しいわけです。

　もちろんただ「やめろ」とだけ言っても、それに代わるものがなければ誰も言うことを聞きません。そこで政府が現在すすめているのが、果樹栽培の奨励です。山地の涼しい気候を利用して、梨、桃、柿、梅などの果樹を植えるように指導しているのです。我々日本人にとっては見飽きた果物ばかりですが、南国タイではこういうものの方が希少価値が高いのです。ただし果樹園への切り替えで難しいのは、「桃栗三年柿八年」などと言うように、植え始めてから軌道に乗るまでの時間差が長いことです。ですからいっぺんにおかぼ畑を果樹園に変えてしまう、ということはなかなかできません。村人たちは少しずつ果樹を植え、木が育つまではその下草を刈って畑として使っています。

解説

ラフの予言者(中央)と訳者(右から三人目)

3. 村の社会関係

　山野を移動しながら生活してきた人たちにとって、つきつめていえば、自分たちの拠り所となるのは村や国家ではありません。最後に頼りになるのは親族です。ですから、この地域の山地諸民族のあいだでは、伝統的には政治統合が貧弱だったわりに、親族の組織化は非常によく発達しています。そのなかにあってラフが特異なのは、そういった父系なり母系なりといった親族の組織化が欠けていることです。とはいっても、親類づきあいが希薄だというわけではありません。村に住んで観察していると、しょっちゅう誰かの家に、いとこだのまたいとこだの遠縁の親戚だのという人たちが遠くの村(場合によってはビルマ)から転がり込んできています。村の中でも、親戚どうしが隣り合って住んでいる場合が珍しくありません。何かあるとおすそ分けをしたり、金の貸し借りをしたりという具合に、親戚づきあいは非常に密です。ようするに父方とか母方とか特に限定せず、どちらの親戚とも同じようにつきあっているわけです。

　ラフの結婚には独特のルールがあります。新婚夫妻はまず新婦方の家に最初の三年間は暮らさなければならないというしきたりです。結婚させてもらう代わりに労働奉仕しろというわけです。この三年間が終わると、次に夫方の生家で三年間働くか、あるいは独立して新世帯を構えます。実際にはこうしたしきたりは厳密に守られているわけではなく、結婚するとき

家の改築

　の話し合いで、三年間の労働奉仕の代わりに金を払って済ませてしまうという抜け道も用意されています。

　ともあれ、結婚した子供たちは順々に独立していきます。最後に末っ子が結婚する頃にはたいてい両親が老齢になっているので、末っ子が結婚後も家に残るというケースが多くなります。これを末子残留型と呼びますが、この末子残留世帯と核家族世帯とが、村の大部分を占めています。独立した子供たちも両親の家の近くに新居を建てることが多いですから、実際には核家族とはいっても、日本の都会の核家族とはちょっと趣が違います。こういう特徴というのは、近隣の山地諸民族よりも、東南アジア各国の平地農村とよく似ています。

　ラフ語というのは敬語がない言語で、そこからも想像がつくように、村の社会関係は限りなく平等に近いです。これはラフが、精緻な身分制度をつくりあげるほどの強力な国家をつくらなかったということとも関係しているようです。相手が誰であろうが、まわりくどい言い方をせず単刀直入にものを言えばよい。日本語やタイ語とは違うこうした特徴は、いったん村の中に入ってしまうとある意味で気分のよいものです。

　ただし例外はあります。男性は、自分の妻の兄弟（特に兄）には常に遠慮しなければいけません。このしきたりはかなり厳格に守られていて、酒を飲んで羽目をはずすときでも、人々は妻の兄の前でそういうことはしないように気をつけています。

屋根を葺く

　ラフの村に住んでいて気づくのは、人々が本名で呼び合っている場面に滅多に出くわさないことです。だからいつまでたっても人の名前が覚えられません。では名前の代わりにどうやって呼び合っているのかというと、ひとつには子供の名前です。ラフの人々は結婚して子供がうまれると、子供の名をとって「誰某の父／母」と呼ぶわけです。たとえばある新婚夫婦にチャウという男の子がうまれれば、そのときから両親は「チャウの父」「チャウの母」と呼ばれるようになるわけです。もうひとつは、人をあだ名で呼ぶ習慣です。これはタイ人のように子供のときから本名とセットであだ名がつけられているのではなく、大人になってから、誰かがちょっとしたきっかけで呼びはじめたものがあだ名になってしまうもののようです。ですから変なあだ名が多い。たとえば私がいた村で使われていたあだ名を紹介すると、インド人、タイ人、ラフ、バンコク、チェンマイ、政府、郡長、黒瓶、センザンコウ、大食い、子煩悩などで、さしずめ赤シャツや野だいこやうらなりといい勝負です。いったい誰がこんな変なあだ名をつけるのかと思いますが、どのあだ名にも抱腹絶倒の由来があって、村人に聞くと面白がっていろいろ説明してくれます。

　ラフの村には、もちろん村長がいます。ただしいわゆる村役場のようなものはありません。何か村で問題が生じると、村人たちがみな村長の家に集まって会議をします。原則として村人全員の参加で、誰もが公平に発言できます。この村の寄り合いで重要なことが決まります。それぞれの村に

解説

豚ミンチのタタキで宴会

は独自の慣習法があって、たとえば姦通は罰金500バーツ云々という決まりなどが定められています。

　村の寄り合いは裁判所も兼ねています。同じ村で毎日顔をあわせていれば、些細なことでも喧嘩口論になったりします。そういうときにはやはり、村の寄り合いに持ち込むのです。方法は同じで、村人全員が村長の家に呼び集められ、そこで当事者双方が自分たちの言い分を述べます。集まった村人たちは、応援団と陪審員と野次馬を兼ねていますので、めいめい好き勝手に意見を言います。議論が出尽くしたら、最後に村長が裁定します。喧嘩口論による村裁判では、罰金刑によって決着がつく場合が普通です。

　村の夫婦喧嘩も、わりとひんぱんに村の裁判に持ち込まれます。夫婦喧嘩になると、つい売り言葉に買い言葉で「別れろ」「こっちこそ別れてやる」と啖呵を切ることになるので、おのずと離婚訴訟になってしまうわけです。この場合も、村長宅の訴訟会場には村中から野次馬が集まってきます。頭に血がのぼった夫婦が、衆人環視の中で互いに家庭内の恥をさらして罵りあう光景はなかなか壮観です。こういうことがあると、そのあとしばらくは村人たちも噂話のネタに困りません。

　ところで、村の寄り合いであれ裁判であれ、その決定には拘束力があります。どんなに不満でも、一度寄り合いの場で裁定が下れば、必ず従わねばなりません。もし従わなければ、「村の掟を破った」「村長を侮辱した」という罪状が加わり、後日さらに重い罰金刑が科されることになります。

餅つき

　これはいわば、合議による専制とでもいいたくなる制度ですが、その代わり、不服のある者は村を出ればよいという逃げ道も用意されているのが、いかにも山の人らしいルールです。

　しきたりを意味する言葉をラフ語でオリといいます。村裁判で引き合いに出されるのもこのオリです。そのほかに、オリを宗教の意味で使う場合もあります。また、村の生活の中では「オリをする」という表現も頻繁に用いられます。これは何かというと、たとえば葬式の手伝い、家の改築の手伝いなどです。こういう仕事は村人総出で手伝うのが建前になっていて、もちろん無報酬（ただし昼食はふるまわれる）です。それ以外にも、正月に餅を配ったり、狩りの獲物を分けたりというときにも「オリをする」と言います。どうやら、お互い持ちつ持たれつの交換が義務化されているようなものをオリと言うようです。そうした持ちつ持たれつの関係の積み重ねが、厳しい環境の中で人々の生活を支えています。

4. 山地の村の近況

　2006年の旧正月に、かつて3年を過ごしたラフの村を久しぶりに再訪しました。4年間留守にしていた間に、ずいぶんいろいろなことが変わっていました。山地の村は、いま大きな転機を迎えているのだなあと改めて感

ひょうたん笛を吹く老人

じた次第です。

　いちばん驚いたのは、携帯電話とバイクの普及です。舗装道路も通じていない山地の村は、当然ながらインフラが劣悪です。ここで皮肉なのは、電話線の敷設が全国をカバーする前に全世界的な携帯電話ブームが到来してしまっていることです。いまや固定電話を引けない山地でこそ、携帯電話が幅を利かせているのです。以前は隣村の中国人の商店街に何台か衛星電話があるだけでしたので、外の人が村人に用があるときにはそこに電話をかけ、「あと30分後にかけ直すから」と伝言した上で村人を呼びに行ってもらう、というたいへん面倒なことをしていたのです。それが今では、村に帰ってまずやるのが携帯番号の交換会です。

　バイクも、以前は50軒ほどのラフの村に2-3台しかなかったのが、今ではほとんどの家がバイクをもつようになりました。かつてはよその村を訪ねたり、遠方の畑に行くときなどは、村人たちで連れ立って遠足気分で2時間も3時間も山道を歩いたものですが、そういう光景も過去のものになりつつあります。

　もうひとつの目につく変化は、家や家財道具が少しずつ立派になりはじめていることです。これはほかの場所でも書いたことですが、従来ラフの人たちはそうしたものにあまり金をかけませんでした。山の暮らしは大なり小なり移住を前提にしているので、家に金をかけるのは無駄な投資になるし、家財道具を買い揃えても引っ越しのときに持っていけるわけではな

子供たちもお手伝い

い（山の道は未舗装が多いので原則として荷物は自分で運ぶのです）からです。それが今では、ラジオ、テレビ、ビデオ、ガスコンロ、電気炊飯器、電気湯沸かし器、冷蔵庫といった具合に（だいたいこの順番で買い揃えていくようです）、急激に家財道具が増え始めています。これを見ていると、人々の生活が移住を前提にしなくなりはじめていることがよくわかります。

　こうした変化のすべての根っこにあるのは、生業の変化です。政府による焼畑の規制は、新規開墾地を求めて移住する機会を大幅に減らしています。また果樹園への転換が進めば、当然ながら人々の定住度が強まります。これまで人々は、ケシなどの換金作物は植えるものの、基本的に米と野菜は自給するという生活を営んできました。しかし果樹園への切り替えに本格的に取り組む一部の村人は、果物を売った金で米や野菜を買うという生活をすでに始めています。今後もさらにそうした傾向は強まっていくことでしょう。

　村での現金需要の高まりに追い打ちをかけているのが、学校教育です。義務教育は無償ですが、しかしなんやかやと余分な金がかかります。たとえば教科書代、制服代、体操服代などなどと、小刻みな出費がくり返されるのです。私が住んでいた村には小1から中3までの学校があったので、ほかの村にくらべると恵まれていますが、それでも上級学校に進学させようとすると子供を寮に入れなければなりません。またそこで余分な金がか

収穫祭の即席会場

かるのです。皮肉な話ですが、都会の子供たちは寮に入らなくても自宅から学校に通えるのですが、僻地の貧しい子供ほど教育に金がかかるというかたちになってしまっています。

　ならば学校になど行かせなければよいではないか、という考え方も成り立ちますが、なかなかそうはいかない。少数民族であるラフの人たちにとって、タイ語とは一種の外国語です。しかもタイ語が話せないとあらゆる面で不利になる。子供に将来みじめな思いをさせないためには、少々無理をしてでも学校にやってタイ語を勉強させる必要があるわけです。人々が自給的な農業よりも換金作物の栽培に走ることには、そういう背景もあるのです。

　先ほどは、人々の生活が移住を前提としなくなりはじめている、と書きました。ただし見方を変えると、ラフの村にはこれまでにはない、別の方法での移住が普及しつつあるとも言えます。それは出稼ぎです。山地の村を離れ、チェンマイ市内や近郊農村、あるいはバンコク、さらには南部マレー半島へと出稼ぎに行く人々が、2000年頃から増え始め、今では多くの世帯で、常に一家の誰かが出稼ぎに行っているような状態になりつつあります。村にバイクや携帯電話が普及したり家電製品が増えたりというのは、そうした金が村に流れ込んでいるからこそ生じた現象なのです。このままいけば、一定年齢以下の人たちはみな出稼ぎに行ってしまい、山地の村は年寄りばかりになるかもしれませんが、このあたりはまだ何ともいえませ

正月の輪踊り

ん。
　先に末子残留型家族の話をしましたが、村の家族構成をよく見ていると、年長の子供たちを出稼ぎに行かせ、末っ子だけは村に残すというケースも目立ちます。その点からみれば、従来の社会構造は基本的には変わっていないということもできます。また、一定期間町で働いて、まとまった金ができたら村に帰ってくるという人もいます。場合によってはその金で田んぼを買ったり家を建て直したりもします。水田耕作や家屋への投資は、山地民の定住化傾向のあらわれではありますが、ここで皮肉なのは、定住度を高めるには投資が必要で、そのためには出稼ぎに行かねばならないという、何だか本末転倒のような展開になってしまっていることです。
　これからも私は、毎年のように山地の村を訪ねることでしょう。そして村に帰るたびに、その変化の早さに驚くはずです。その変化の中には、今言ったような不条理も多く含まれています。『昔話集』を読むと、異民族との関わりの中で、自分たちが長い歴史を通じずっと損ばかりしていたことへの恨みと、逆境を笑い飛ばすユーモアとがごちゃまぜになっていることがよくわかります。私も、ラフの村で世話になった人間の一人として、人々の明るい未来を願わずにはいられません。

引用文献

(邦文・中文)

秋道智彌
 2005　「変貌する森林と野鶏―中国雲南省・ラオスの少数民族―」池谷和信編『熱帯アジアの森の民―資源利用の環境人類学―』人文書院。

伊藤清司
 1967　「犬と穀物―東亜における穀物起源伝承に関する一研究―」『史学』40巻2―3号。
 1979　『日本神話と中国神話』学生社。

雲南省西盟佤族自治県志編纂委員会編
 1997　『西盟佤族自治県志』雲南人民出版社。

雲南拉祜族民間文学集成編委会編
 1988　『拉祜族民間文学集成』中国民間文芸出版社。

王正華、和少英
 1999　『拉祜族文化史』雲南民族出版社。

大林太良
 1973　『稲作の神話』弘文堂。

小野重朗
 1970　『農耕儀礼の研究―南九州における発生と展開―』弘文堂。

片岡樹
 1998　「東南アジアにおける『失われた本』伝説とキリスト教への集団改宗―上ビルマのラフ布教の事例を中心に―」『アジア・アフリカ言語文化研究』56号。
 2003　「悪魔の神義論―タイ国の山地民ラフにおけるキリスト教と土着

        精霊—」『民族学研究』68巻1号。
  2007a 「ラフ・被征服民族の宗教史」綾部恒雄監修『失われる文化、失われるアイデンティティ』（講座世界の先住民族第十巻）明石書店。
  2007b 『タイ山地一神教徒の民族誌—キリスト教徒ラフの国家・民族・文化—』風響社。
  2007c 「山地からみた中緬辺疆政治史—18-19世紀雲南西南部における山地民ラフの事例から—」『アジア・アフリカ言語文化研究』73号。
暁根
  1997 『拉祜文化論』雲南大学出版社。
黒澤直道
  2006 『ツォゼルグの物語—トンバが語る雲南ナシ族の洪水神話—』雄山閣。
佐々木高明
  1971 『稲作以前』ＮＨＫブックス。
清水郁郎
  2005 「犬供犠考—人と犬の相互関係からみたアカの居住空間—」『南方文化』第32輯。
曽紅
  1991 「雲南省ハニ族の神話と日本神話」『東アジアの古代文化』66号。
田中耕司
  2007 「タイ文化圏山地民の農耕—焼畑景観史を軸に—」『自然と文化そしてことば』3号。
デーヴィス、Ｈ．Ｒ．
  1989 『雲南—インドと揚子江流域の環—』（田畑久夫、金丸良子編訳）古今書院。
西本陽一
  2000 「北タイ・クリスチャン・ラフ族における民族関係の経験と自嘲の語り」『民族学研究』64巻4号。

広田勲、中西麻美

   2007 「竹林」秋道智彌編『図録メコンの世界—歴史と生態—』弘文堂。

村上順子

   1975 「西南中国の少数民族にみられる洪水神話」大林太良編『古代日本と東南アジア』（東アジアの古代文化別冊）大和書房。

雷波、劉輝豪

   1995 『拉祜族文学簡史』雲南民族出版社。

《拉祜族簡史》編写組編

   1986 『拉祜族簡史』雲南人民出版社。

（英文・ラフ文）

Angela Pun and Paul W. Lewis

   2002 *49 Lahu Stories.* Bangkok: White Lotus.

Antisdel, C. B.

   1911 "The Lahoo Narrative of Creation." *Journal of the Burma Research Society* Vol.1, Part 1.

Ba Thein Chang and Ya ko Perng

   1996 *A Sha Fu Cu Aw lawn.* Kengtung: Baptist Mission Compound.

Bradley, David

   1979 *Lahu Dialects.* Canberra: Australian National University Press.

Du, Shanshan

   2002 *"Chopsticks Only Work in Pairs": Gender Unity and Gender Equality among the Lahu of Southwest China.* New York: Columbia University Press.

Lewis, Paul W.

   1986 *Lahu – English – Thai Dictionary.* Chiang Mai: Lahu Baptist Convention.

Matisoff, James A.
   1988 *The Dictionary of Lahu.* Barkeley: University of California Press.

Tapp, Nicholas
   1989 *Sovereignty and Rebellion: The White Hmong of Northern Thailand.* Singapore: Oxford University Press.

Telford, James
   1937 "Animism in Kengtung State." *Journal of the Burma Research Society* Vol.27.

Walker, Anthony R.
   1974 "The Divisions of the Lahu People." *Journal of the Siam Society* Vol.62, Part 2.
   1981 "Shi Nyi: Merit Days among the Lahu Nyi (Red Lahu), North Thailand." *Anthropos* Vol. 76.

Walker, Anthony R. (ed.)
   1995 *Mvuh Hpa Mi Hpa: Creating Heaven, Creating Earth.* Chiang Mai: Silkworm Books.

あとがき

　私が本書の原本を目にしたのは、ビルマではなくタイの山地であった。私はラフの文化・宗教に関する現地調査のため、タイ国内のラフの村で1999年から2002年までの3年間を過ごし、行く先々でこの本を目にし、またその噂を耳にした。少なくともキリスト教徒ラフに関する限り、本書はビルマのみならずタイの山地でも読まれているベストセラーである。ラフ語の神話を和訳してみてはどうか、という打診を東京外国語大学アジア・アフリカ言語文化研究所のクリスチャン・ダニエルス先生からいただいたときに、迷わず本書をテキストにしようと決めたのにはそうした背景がある。このような機会を与えてくださったダニエルス先生には、この場を借りて感謝申し上げたい。本書の和訳を快諾してくださった原著者のチャレ牧師にも、もちろんお礼を申し上げねばならない。中国からビルマ、タイにまたがって展開する山地少数民族の世界を理解する上で、本訳書がわずかでも貢献できるならば、訳者である私にとっても望外の喜びである。しかし本書のおもしろさを私の訳文がじゅうぶんくみとれているかについては、率直に言って心もとない部分もある。訳文のつたなさや誤訳についてはすべて訳者の責任である。改めて確認しておきたい。東京外国語大学アジア・アフリカ言語文化研究所のダニエルス先生と新谷忠彦先生から貴重な写真をご提供いただいたことにも感謝申し上げたい。最後に、本訳書の編集および版組みにあたっては、金田直次郎さんに全面的にお世話になった。金田さんの文字通り献身的なご尽力なくしては、この本が世に出ることは不可能であった。改めてお礼申し上げる次第である。

平成20年1月28日

訳者

片岡 樹（かたおか　たつき）1967年生まれ。
筑波大学第三学群国際関係学類卒業。筑波大学大学院地域研究研究科、九州大学大学院比較社会文化研究科修了。
現職　京都大学文学部准教授。
修士（地域研究・筑波大学、比較社会文化・九州大学）、
博士（比較社会文化・九州大学）。

著書・論文に「領域国家形成の表と裏：冷戦期タイにおける中国国民党と山地民」（『東南アジア研究』42巻2号、2004年）、『講座世界の先住民族第10巻　失われる文化、失われるアイデンティティ』（共著、明石書店、2007年）、『タイ山地一神教徒の民族史：キリスト教徒ラフの国家・民族・文化』（風響社、2007年）他。

平成20年4月30日　発行

東京外国語大学
アジア・アフリカ言語文化研究所
叢書 知られざるアジアの言語文化 Ⅱ

ラフ族の昔話
－ビルマ山地少数民族の神話・伝説－

著者　チャレ　編訳者　片岡 樹
発行者　宮田 哲男
発行　雄山閣
　　　〒102-0071
　　　東京都千代田区富士見二―六―九
　　　TEL03-3262-3231　FAX03-3262-6938
　　　http://www.yuzankaku.co.jp
製本　協栄製本
印刷　研究社印刷

©2008 TATSUKI KATAOKA
ISBN 978-4-639-02033-2 C3022